Conviver

Ciências Naturais

5º ano

Ensino Fundamental
de nove anos

Geslie Coelho
Licenciada em Ciências Biológicas pela Universidade de São Paulo.
Professora e assessora de Ciências no Ensino Fundamental.

Gilberto Giovannetti
Licenciado em Ciências pela Universidade Mackenzie.
Professor de Ciências no Ensino Fundamental.

1ª edição

Moderna

Moderna

Coordenação editorial: José Luiz Carvalho da Cruz
Edição de texto: Lia Monguilhott Bezerra, Helena Moreira Pacca, Nina Nazario
Assistência editorial: Helena Moreira Pacca, Nina Nazario
Preparação de texto: Cintia Shukusawa Kanashiro
Coordenação de *design* e projetos visuais: Sandra Botelho de Carvalho Homma
Projeto gráfico: Everson de Paula, Mariza de Souza Porto, Marta Cerqueira Leite
Capa: *Criação:* Sandra Botelho de Carvalho Homma
Produção: Everson de Paula
Construção em papel: Kazue Taciro, Paulo Manzi
Foto: Paulo Manzi
Coordenação de produção gráfica: André Monteiro, Maria de Lourdes Rodrigues
Coordenação de arte: Maria Lucia F. Couto
Edição de arte: Patricia Costa Ribeiro
Assistência de produção: Daniel H. Aoki
Editoração eletrônica: Estúdio Criare
Ilustrações: Cecília Iwashita, Eduardo Alejandro, Erika Onodera, Fernando Monteiro, José Luís Juhas, Leninha Lacerda, Paulo Manzi, Sidney Meireles/Conexão Editorial, Tatiana Paiva, Thalita Dol, Vagner Vargas, Vicente Mendonça
Cartografia: Alessandro Passos da Costa, Anderson de Andrade Pimentel
Coordenação de revisão: Elaine Cristina del Nero
Revisão: Agnaldo Holanda, Ana Cortazzo, Ana Maria C. Tavares, Estilo-Edição de Livros, Ivana A. Costa, Renato L. Tresolavy
Coordenação de pesquisa iconográfica: Ana Lucia Soares
Pesquisa iconográfica: Ana Claudia Fernandes, Carolina Leite de Souza, Etoile Shaw, Leonardo de Souza Klein, Odete Ernestina Pereira
As imagens identificadas com a sigla CID foram fornecidas pelo Centro de Informação e Documentação da Editora Moderna.
Coordenação de *bureau*: Américo Jesus
Tratamento de imagens: Pix Art
Pré-impressão: Everton L. de Oliveira, Helio P. de Souza Filho, Marcio Hideyuki Kamoto
Coordenação de produção industrial: Wilson Aparecido Troque
Impressão e acabamento: Yangraf Gráfica e Editora

Dados Internacionais de Catalogação na Publicação (CIP)
(Câmara Brasileira do Livro, SP, Brasil)

Coelho, Geslie
Conviver : ciências naturais : ensino fundamental de nove anos / Geslie Coelho, Gilberto Giovannetti. — 1. ed. — São Paulo : Moderna, 2009. — (Conviver)

Obra em 4 v. para alunos do 2º ao 5º ano.
Bibliografia.

1. Ciências (Ensino fundamental)
I. Giovannetti, Gilberto. II. Título. III. Série.

09-06948 CDD-372.35

Índices para catálogo sistemático:
1. Ciências : Ensino fundamental 372.35

ISBN 978-85-16-05920-0 (LA)
ISBN 978-85-16-05921-7 (GR)

EDITORA MODERNA LTDA.
Rua Padre Adelino, 758 - Belenzinho
São Paulo - SP - Brasil - CEP 03303-904
Vendas e Atendimento: Tel. (0_ _11) 2602-5510
Fax (0_ _11) 2790-1501
www.moderna.com.br
2009
Impresso no Brasil

1 3 5 7 9 10 8 6 4 2

Acalento

Quando o Sol se escondeu
Muito além do chão
E a luz viajou carregando o azul
O luar me chegou
Me acarinhou
Estrelou sobre o meu quarto de dormir
Sobre mim, meu sonhar vagalumeou
E eu ouvi a canção de adormecer

Gilvan de Oliveira e Fernando Brant. Ponto de Partida e Meninos de Araçuaí. *Roda que Rola* (CD). Rio de Janeiro: Rob Digital, 2007.

Seu livro é assim...

Este é seu livro de Ciências. Veja de que forma ele está organizado.

Abertura de unidade

Primeiros contatos
Você vai poder contar o que já sabe sobre o assunto.

Glossário
Ao encontrar este sinal (*), o asterisco, você vai poder conferir o significado da palavra no Glossário.

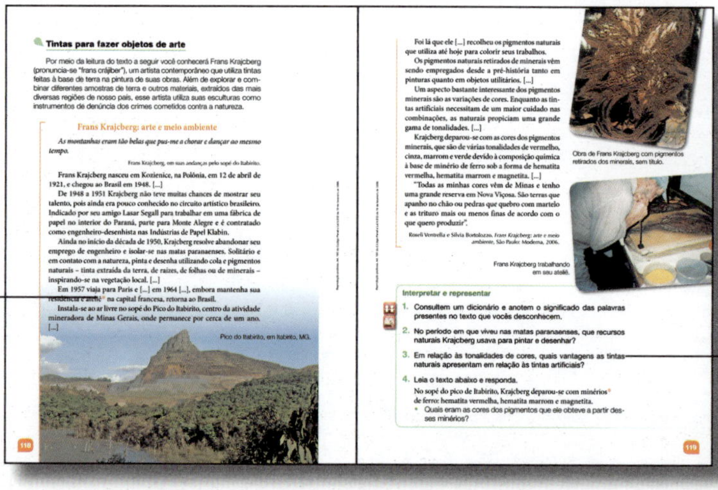

Atividades
Estimulam a leitura, a interpretação, a elaboração e a discussão de textos, imagens, quadros, gráficos, cartazes etc.

Atividade prática
Com as atividades práticas você poderá observar, verificar, testar e simular muitas situações diferentes.

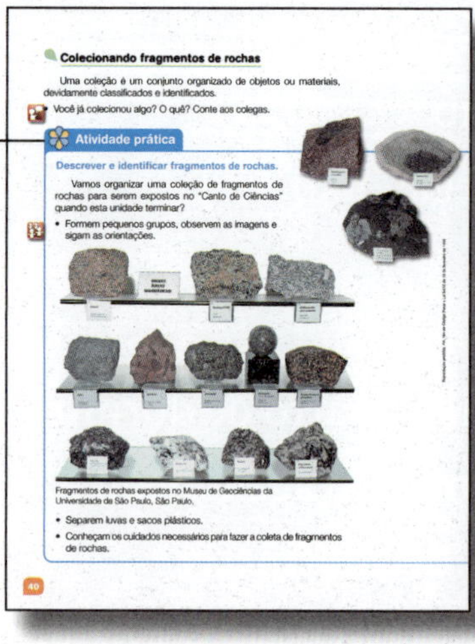

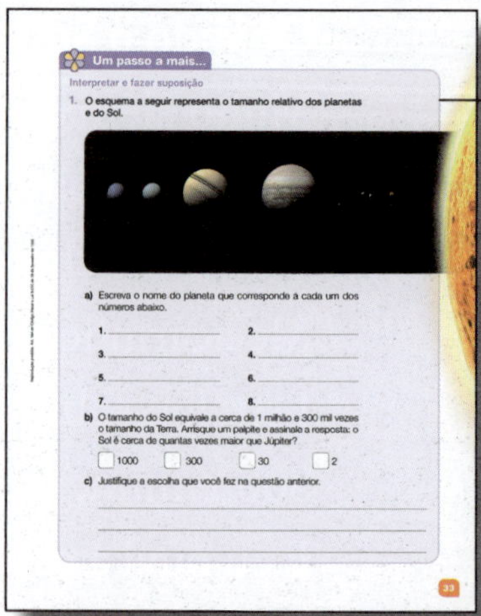

Um passo a mais...
Você poderá usar o que aprendeu e fazer novas descobertas.

Refletindo mais
Você irá ampliar o que estudou, aplicando o que aprendeu em uma atividade coletiva.

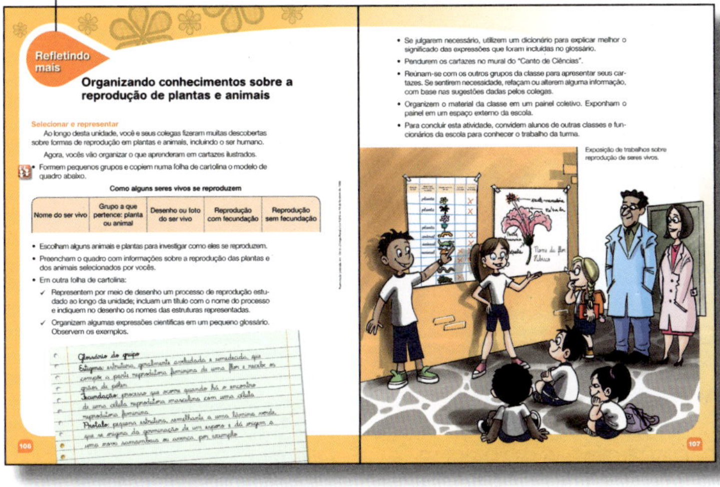

Neste livro, você vai encontrar os ícones abaixo. Eles indicam de que maneira as atividades devem ser realizadas.

Atividade oral

Atividade em dupla

Atividade em grupo

Registre em seu caderno

De leitor para leitor
Sugestões de livros, *sites* e filmes.

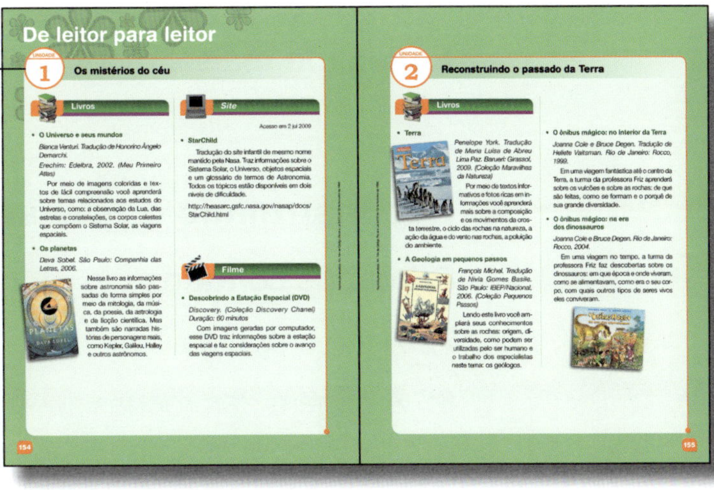

Você também vai encontrar as seções:

Investigue

Entreviste

Pesquise

Você sabia?

Sumário

UNIDADE 1

UNIDADE 2

UNIDADE 3

UNIDADE 4

UNIDADE

1 Os mistérios do céu

Você já chegou a ficar um tempão olhando para o céu, à noite, e pensando: Por que será que as estrelas brilham? Por que elas parecem ser tão pequenas? E a superfície da Lua, como deve ser? O que mais existe no céu, que não conseguimos ver daqui da Terra?

Observando por meio de equipamentos, daqui da Terra, e viajando pelo espaço, os cientistas têm obtido respostas para essas e muitas outras perguntas sobre o Universo.

Primeiros contatos

1. Ao observar o céu durante a noite, a olho nu, o que é possível enxergar? E durante o dia?

2. Você sabe o que é uma constelação? Já viu uma delas no céu? Qual?

3. Um astrônomo trabalha com quais equipamentos? Você já viu ou utilizou algum desses equipamentos?

4. Imagine que você é um astronauta, em uma nave bem próxima à superfície da Lua. O que você vê?

1. De olho no céu

Contando histórias sobre o céu

Os seres humanos têm observado o céu noturno ao longo de milhares de anos. Mesmo a olho nu, os seres humanos perceberam a existência de muitos corpos celestes, como centenas de estrelas, nebulosas, planetas, galáxias distantes, entre outros.

Alguns povos, ao observar o céu noturno a olho nu, conseguem perceber muito mais que o brilho das estrelas.

Interpretar e identificar

1. Leia com atenção o depoimento do pesquisador Pedro Federsoni Júnior.

> Nós devemos pensar que o que sabemos hoje é fruto da comunicação de conhecimentos de nossos antepassados aos seus descendentes. Como exemplo, tomemos uma aldeia indígena que nunca teve contato com a ciência dos dias atuais. Dificilmente teremos uma pergunta sobre a natureza que um índio não nos responda com muita segurança. Em toda a sua vida, ele aprendeu a observar e a ouvir os mais velhos e mais experientes. E, depois de tudo isto, observar novamente e perceber o que aprendeu.
>
> Para ilustrar essa ideia, vou contar uma história que parece mentira, mas não é: uma noite, no ano de 2004, na Aldeia A'uwên Up-tabi (Xavante) de Eten-hiriti-pá, na Serra do Roncador, no estado do Mato Grosso, eu e outras pessoas estávamos maravilhados com os trilhões de estrelas que víamos no céu, naquele lugar sem luz de cidades próximas.

Pesquisador Pedro Federsoni Júnior, em 2005.

Num determinado momento, um dos índios que nos contava suas histórias e de seu povo me disse: "Pedro, eu vai imbora!" Olhou para a Via Láctea (que naquele fim de mundo parecia, mesmo, "pingar leite"); apontou para um ponto do céu e disse: "São nove e vinte! Tenho de voltá prá casa!"

Iluminei meu relógio e constatei exatamente o que ele dizia: vinte e uma horas e vinte minutos. Claro que ninguém acreditou!... Então, ele nos falou de duas "estrelinhas-relógio", que estão ao lado da Via Láctea. Elas dizem exatamente o horário local. O índio, então, nos ensinou a "ver as horas" daquela maneira. Confesso que não consegui. Meu filho, no entanto, na época com dez anos de idade, passou a nos dizer, com erro de um a três minutos, o horário em que estávamos... : "Pai, são dez horas e doze minutos!"— isso quando eram vinte e duas horas e quinze minutos. Foi fascinante vê-lo aprendendo com a própria natureza!

Fico pensando que, talvez, um cientista não conseguisse nos explicar o que foi dito pelo índio com tanta simplicidade, sem perder a exatidão.

Pedro Federsoni Júnior é biólogo, museólogo e trabalha no Instituto Adolfo Lutz, em São Paulo.

Indígenas da aldeia Xavante, em Mato Grosso, 1999.

2. Converse com os colegas sobre a situação descrita no depoimento e responda.

a) Você já tinha ouvido um relato como esse? Quem fez o relato e qual era o assunto?

b) O que você conhece sobre a Via Láctea, citada no texto? Conte aos colegas.

c) Qual foi o ensinamento transmitido pelo índio ao pesquisador e às outras pessoas que estavam na aldeia?

Observar o céu com equipamentos

O céu noturno sempre fascinou as pessoas. Alguns povos antigos pensavam que o céu era a "morada dos deuses". Por isso, quando alguma coisa diferente aparecia no céu — a passagem de um cometa com suas caudas luminosas, por exemplo — alguns povos achavam que aquilo seria um sinal de que alguma tragédia estaria por acontecer.

Com o passar do tempo, os astrônomos – cientistas que estudam o céu – foram pesquisando e construindo instrumentos que os ajudam a observar o céu como ele realmente é.

Fazer suposições e observar

3. Você tem ideia de quais são esses instrumentos? Conte aos colegas.

Hoje em dia, muitos astrônomos trabalham em observatórios. Nesses locais, existem diversos instrumentos usados para observar o céu, como os telescópios e as lunetas. Esses instrumentos ampliam as imagens de corpos celestes situados a grandes distâncias da Terra.

Observe estas fotos de cúpulas de um observatório. As cúpulas são construções feitas para acomodar alguns instrumentos de observação do céu.

Cúpulas do Observatório Nacional do Rio de Janeiro. Os prédios têm cerca de 10 metros de altura.

Na foto você vê um astrônomo utilizando luneta instalada no interior da cúpula.

Nos observatórios também há câmeras fotográficas e computadores, que ajudam os astrônomos a analisar imagens e a interpretar o comportamento dos corpos celestes.

No interior do observatório, os astrônomos ainda podem monitorar instrumentos que ficam distantes, como satélites artificiais e telescópios.

Astrônomos analisam imagem em um observatório.

4. **A foto abaixo mostra um telescópio chamado Hubble, que fica no espaço, e ao lado há uma imagem produzida por ele.**

a) Observe as estrelas que aparecem na foto menor. Anote uma informação sobre elas que pode ser obtida por um astrônomo com a ajuda desse telescópio.

____

____

b) Mesmo com a ampliação feita pelo telescópio, as estrelas vistas na foto ainda parecem minúsculos pontos luminosos. Por que será que isso acontece?

____

Imagem de um aglomerado de estrelas muito distantes da Terra.

O telescópio espacial Hubble mede em torno de 13 metros de comprimento. Ele foi lançado no espaço em 1990.

2. Descobrir estrelas

As estrelas não são iguais

Vistas da Terra, as estrelas não brilham todas da mesma forma: algumas têm um brilho intenso; outras não. Essa diferença tem relação com o fato de elas não estarem à mesma distância da Terra, ou seja, algumas estrelas estão mais perto; outras, mais longe de nós.

Dizer que as estrelas estão mais perto significa dizer que elas estão a dezenas de trilhões de quilômetros da Terra! Para que você tenha uma ideia dessa distância, a estrela mais próxima do Sol está mais de 250 mil vezes mais longe que a distância entre a Terra e o Sol.

Apesar de a maioria das estrelas ser vista apenas à noite, elas estão sempre no céu, até mesmo durante o dia.

1. Levante uma hipótese: por que não conseguimos perceber a presença das estrelas no céu, durante o dia?

____

____

As estrelas também têm cores diferentes. Observe estes exemplos.

Estrelas gigantes azuis. Imagem obtida pelo telescópio Hubble.

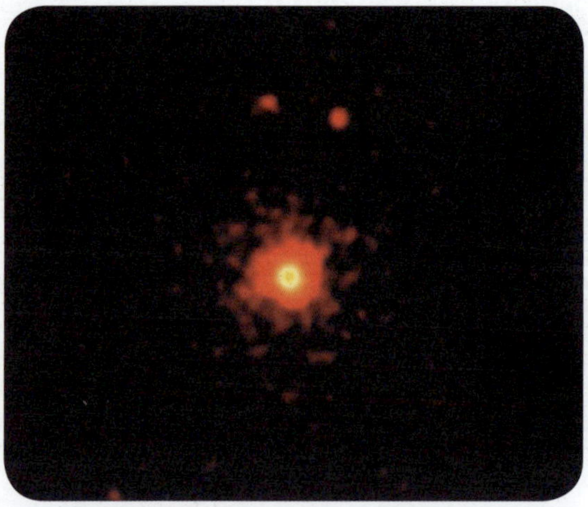

Estrelas anãs vermelhas. Imagem obtida por telescópio espacial da Agência Espacial Norte-Americana (Nasa).

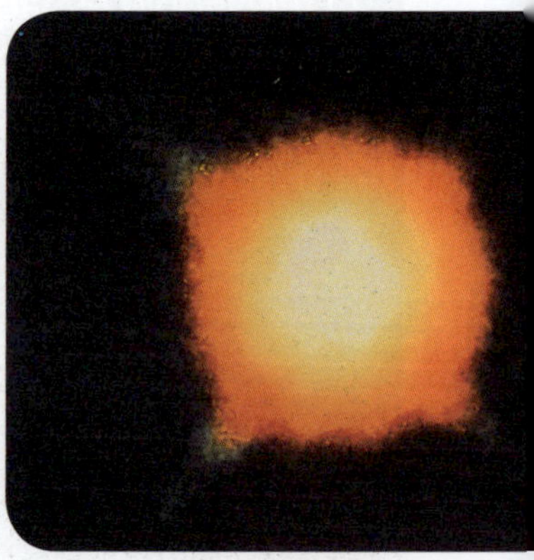

Estrela laranja.

Além das estrelas que você viu nas imagens, também existem outras classificadas como: azuis-brancas, gigantes e supergigantes vermelhas, anãs marrons, anãs negras, anãs brancas, amarelo-brancas e amarelas.

As estrelas são corpos celestes incandescentes, isto é, compostas de materiais tão quentes que chegam a brilhar. As cores e a luminosidade que elas apresentam variam de acordo com o tipo de material que as constitui e com a temperatura que esses materiais atingem. As estrelas vermelhas, por exemplo, são mais frias e emitem menos luz; suas superfícies atingem temperaturas em torno de 3000 °C. As estrelas gigantes-azuis são as mais quentes e brilhantes, atingindo na sua superfície temperaturas em torno de 35000 °C.

O Sol, estrela que envia luz e calor à Terra, é uma pequena estrela amarela cuja superfície alcança uma temperatura de cerca de 6000 °C.

Você sabia?

De onde vêm e para onde vão as estrelas?

Todas as estrelas começam a vida em uma nuvem giratória, formada de gás e poeira. Essa nuvem recebe o nome de nebulosa.

As estrelas são constituídas de gases como o hélio e o hidrogênio. Esses gases queimam a altas temperaturas, sem parar, durante bilhões de anos. Quando o gás hélio se acaba, algumas estrelas diminuem de tamanho, tornando-se anãs brancas. Depois, elas vão se apagando devagarinho e esfriando, ao longo de milhões de anos, até se tornarem anãs negras e morrerem. Existem também estrelas que, no fim da vida, tornam-se supergigantes vermelhas e explodem de repente. As estrelas que explodem – as supernovas – brilham intensamente no céu por vários dias.

Supernova Cassiopeia.

Nebulosa de Águia, iluminada por estrelas recém-formadas.

A Via Láctea

A Via Láctea é uma galáxia, isto é, um grupo formado por milhões e milhões de estrelas, além de outros corpos celestes, gases e partículas expelidas pelas estrelas. O planeta Terra faz parte da Via Láctea, e o Sol é uma das inúmeras estrelas que compõem essa galáxia.

Foto da galáxia Andrômeda, feita pelo telescópio Galex, em 2003.

Parte da Via Láctea fotografada próximo ao Observatório Interamericano de Cerro Tololo, no Chile.

A Via Láctea não é a única galáxia existente. Segundo os astrônomos, além dela, há outras centenas de bilhões de galáxias, cada uma com milhões e milhões de estrelas!

Por meio de números como esses, é possível perceber a enorme quantidade de estrelas que deve existir no céu.

2. Por que dizemos que o número de estrelas que existem no céu é aproximado e não exato?

____

____

____

____

Pesquise

Para ampliar o conhecimento sobre a Via Láctea e as características das estrelas que a compõem, façam uma pesquisa em pequenos grupos. Vocês podem buscar informações em livros, enciclopédias e na internet.

Façam a pesquisa com base nas sugestões a seguir.

Orientações para a busca de informações

- Selecionem palavras-chave relacionadas ao tema estudado. Utilizem essas palavras para fazer a busca de informações.
- Sugestões de páginas da internet para a pesquisa:

  www.observatorio.ufmg.br

  http://www.rio.rj.gov.br/planetario/infantil/index_infantil.htm

Orientações para o registro

- Selecionem frases ou imagens que podem ser interessantes para compor o trabalho.
- Registrem as fontes, isto é, os nomes dos locais de onde vocês coletaram as informações: livros, enciclopédias, *sites* etc.
- Para as informações extraídas da internet, registrem também a data da consulta.

Orientações para a apresentação da pesquisa

- Organizem as informações em um cartaz para ser exposto no "Canto de Ciências".
- Utilizem algumas das imagens pesquisadas para ilustrar o cartaz.
- Em uma parte do cartaz, indiquem as fontes da pesquisa e a data de acesso aos *sites* da internet.

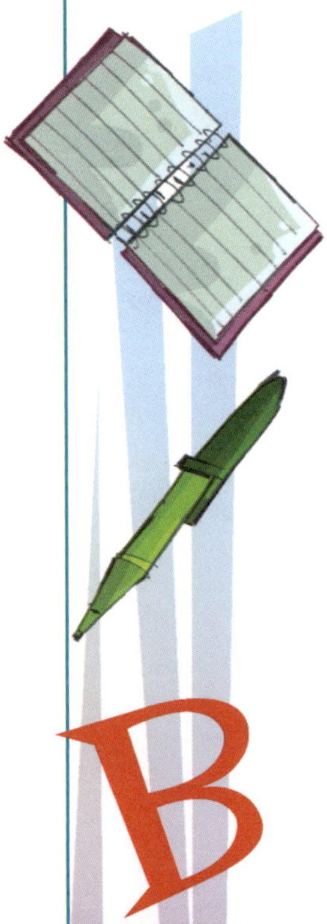

O que são constelações?

Nem sempre observamos as estrelas isoladamente. Muitas vezes, mesmo estando distantes umas das outras, elas parecem estar agrupadas, formando figuras no céu. Esses aparentes agrupamentos recebem o nome de constelações.

Há milhares de anos, os seres humanos já observavam o céu, imaginavam figuras de seres reais ou mitológicos e criavam histórias sobre eles.

Observe a representação, ao lado, de uma constelação e leia as informações sobre ela no texto da legenda.

Constelação de Órion, representada nesta gravura do livro *Uranometria*, de Johann Bayer, 1661. Segundo a mitologia, Órion era um caçador, filho do deus grego Poseidon, conhecido na Roma Antiga como Netuno. As estrelas popularmente conhecidas como Três Marias formam seu cinturão e a Nebulosa de Órion, sua espada.

Pesquise

- Formem novamente pequenos grupos e consultem livros, revistas e as sugestões de páginas da internet que constam no quadro apresentado na página anterior, para descobrir informações sobre outra constelação, agora, escolhida por vocês. Com base nas informações que vocês encontrarem, anotem:

  a) Nome da constelação.

  b) Desenho feito para representá-la.

  c) A história dessa constelação.

3. Investigando a Lua

As descobertas de Galileu Galilei

Muitas descobertas importantes sobre o céu são resultado do trabalho de um cientista chamado Galileu Galilei.

Ele nasceu em 1564, na cidade de Pisa, que fica na atual Itália.

Para contemplar os corpos celestes, Galileu utilizava um telescópio.

Galileu fez descobertas importantes sobre a Lua e o Sol.

Com a ajuda do telescópio, Galileu descobriu que o número de estrelas existentes no céu é maior que o número de estrelas vistas a olho nu, daqui da Terra. Observando a superfície da Lua, por meio de seu telescópio, ele viu montanhas e grandes cavidades. Além das estrelas e da Lua, Galileu observou outros corpos celestes, como alguns planetas.

Vendo a Lua mais de perto

A Lua é um corpo celeste que gira em torno do planeta Terra. Por girar em torno de um planeta, a Lua é denominada satélite. Assim, a Lua é o satélite natural da Terra.

A Lua não tem luz própria. Ela é iluminada pelo Sol. O luar que vemos à noite é o reflexo da luz do Sol, ou seja, é a própria luz do Sol que, ao atingir a superfície da Lua, muda de direção e chega aos nossos olhos.

Após as observações de Galileu Galilei, outros astrônomos confirmaram que a superfície da Lua é coberta por muitas montanhas e cavidades enormes, em forma de tigela, que receberam o nome de crateras. Observe na foto ao lado algumas dessas crateras.

Na superfície da Lua existem montanhas e crateras.

Observe as regiões escuras. São os "mares" da Lua.

Nesta outra foto podemos observar áreas mais escuras. Os primeiros astrônomos chamaram essas áreas de "mares", pois achavam que a Lua tinha oceanos. Com o uso de instrumentos mais modernos, os astrônomos descobriram que essas áreas escuras são, na verdade, regiões cobertas por materiais expelidos por vulcões lunares muito antigos.

As fases da Lua

Costuma-se dizer que a Lua passa por quatro fases. Cada uma delas dura cerca de uma semana.

Observar e fazer suposições

1. Observe as fotos que representam uma sequência de observações da Lua, feitas ao longo de algumas noites.

____________ ____________ ____________

a) Converse com adultos e consulte imagens em livros para saber a que fase da Lua cada foto corresponde. Depois, escreva na linha abaixo da foto o nome dessa fase.

b) Uma das fases da Lua não foi representada. Qual delas? Você imagina por que essa representação não foi feita?

____

____

Ao observar a Lua, todos os dias, por um período de aproximadamente um mês, é possível perceber que a sua aparência não muda apenas em quatro momentos determinados. Ela muda um pouco a cada dia e, com isso, vai passando de uma fase a outra.

Você sabia?

A origem dos calendários

A observação do céu era muito importante para os povos antigos. Alguns desses povos, como os egípcios e os romanos, usaram as fases da Lua como base para a contagem do tempo. Como cada fase da Lua corresponde a mais ou menos sete dias, eles dividiram o mês em quatro semanas, cada uma delas com sete dias.

Um passo a mais...

Aplicar e representar

Imagine que em uma noite sem nuvens, um astrônomo observa o céu por meio da luneta, representada no canto inferior da página, e registra o que vê.

1. Desenhe no espaço em branco o que o astrônomo observa e escreva no bloco algumas anotações que ele poderá fazer.

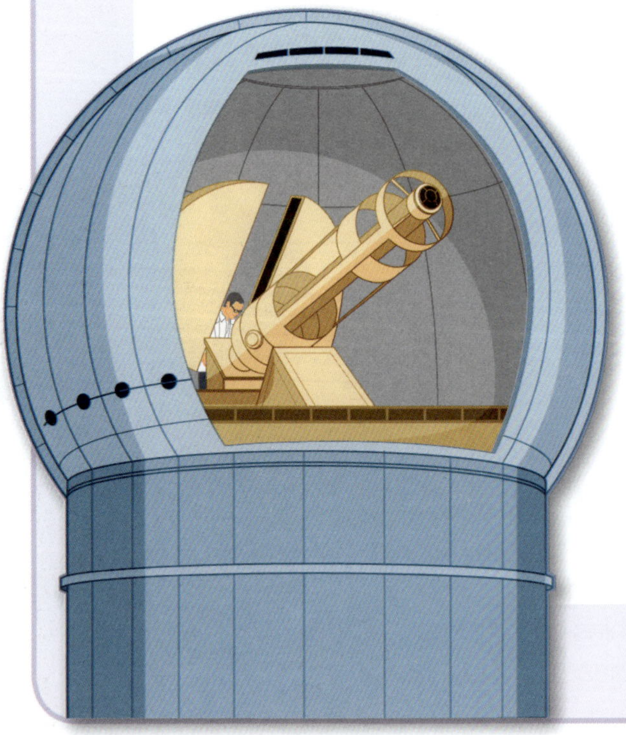

2. Observe ao lado uma reprodução de imagens da Lua, feitas por Galileu Galilei. O que ele quis representar?

3. Leia o texto e responda.

Em determinada região da savana africana vive, há cerca de 700 anos, um povo chamado Dogon. Esse povo tem uma devoção misteriosa pela estrela Sirius, a mais brilhante da constelação Cão Maior e a mais reluzente do céu. Apesar do brilho intenso, Sirius está a cerca de 80 trilhões de quilômetros de distância da Terra! O povo Dogon sempre considerou Sirius como três, e não apenas uma estrela: duas próximas entre si e uma terceira, invisível.

Somente nas últimas décadas, no entanto, a astronomia moderna identificou esse terceiro corpo celeste e confirmou o que o povo Dogon, mesmo sem telescópio, já sabia há milhares de anos.

Dogons usando trajes e máscaras cerimoniais.

a) Pensando no que você já aprendeu sobre as estrelas, quais características da estrela Sirius podem justificar o intenso brilho que ela apresenta?

b) Proponha uma possível razão que explique a dificuldade dos astrônomos em identificar o terceiro corpo celeste que compõe Sirius.

4. As missões espaciais

Saindo da Terra

O ser humano não tem se contentado em observar o céu apenas daqui da Terra. Desde 1946, cientistas de diferentes países têm feito estudos na tentativa de enviar instrumentos e naves, tripuladas por astronautas ou não, para conhecer e saber mais sobre o Universo, isto é, o planeta em que vivemos, todos os outros corpos celestes e o espaço que nos rodeia.

Astronauta trabalhando na Estação Espacial Internacional.

A Estação Espacial Internacional localizada no limite entre a atmosfera terrestre e o espaço, é um laboratório construído por vários países.

O robô Spirit foi enviado a Marte para obter imagens e analisar o solo do planeta. A sonda saiu da Terra em junho de 2003 e só chegou a Marte em janeiro de 2004.

Uma missão que se tornou histórica foi a Apollo 11. Nela, três astronautas estadunidenses — Edwin E. Aldrin Jr., Neil Alden Armstrong e Michael Collins — foram enviados à Lua a bordo de uma nave. Em 20 de julho de 1969, os astronautas Neil Armstrong e Edwin Aldrin foram os primeiros seres humanos a pisar na superfície do satélite da Terra.

Durante as cerca de 21 horas em que permaneceram na superfície da Lua, Aldrin e Armstrong andaram, em passos chamados "de canguru", de lado e parecendo estar em câmera lenta. Eles tiraram fotos e coletaram cerca de 21 quilos de amostras de solo para serem analisadas por cientistas aqui na Terra.

As fotos a seguir representam alguns momentos dessa missão.

Edwin Aldrin caminhando na Lua.

Neil Armstrong próximo ao módulo lunar.

Lançamento da Apollo 11 em julho de 1969.

Observar e fazer suposições

1. Quais informações sobre a Lua você imagina que as amostras de solo podem ter fornecido aos cientistas?

____

____

____

2. Como os astronautas estão vestidos? O que você imagina que essa roupa tem de especial?

____

____

____

Sobreviver no espaço

Dentro de uma nave, os astronautas precisam ficar em um ambiente semelhante ao da Terra. Além de fornecer o ar necessário para a sobrevivência dos astronautas, as naves os isolam do frio extremo do espaço e do calor dos motores.

Antes, durante e depois de cada viagem os astronautas são cuidadosamente examinados para registrar qualquer tipo de alteração que ocorra em seus organismos. Esses cuidados são necessários porque no espaço são comuns alterações físicas como as sensações de náusea e tontura, a queda no número de batimentos cardíacos e o enfraquecimento dos ossos e dos músculos.

Os astronautas também têm um traje desenvolvido para usar caso tenham de sair da nave. Esse traje também reflete o cuidado com o corpo dos astronautas. A imagem ao lado mostra o modelo de macacão com mochila e botas espaciais utilizado pelos astronautas da Apollo 11 para andar na Lua. Observe com atenção as partes indicadas.

Identificar e descrever

3. Com base nas informações apresentadas na imagem acima, descreva características do traje relacionadas aos cuidados necessários para garantir boas condições de saúde no espaço.

____

____

____

____

____

____

Entreviste

A chegada do ser humano à Lua foi acompanhada, pela televisão, por milhões de pessoas, em diferentes países. Esse fato também foi amplamente noticiado por jornais e revistas da época.

1. **Converse com uma pessoa que tenha acompanhado a chegada da missão Apollo 11 à Lua, pela televisão ou rádio, ou tenha lido a notícia desse acontecimento em jornais e revistas nessa época.**

- Registre o nome e a idade do entrevistado e as respostas das perguntas abaixo.

a) Nome **b)** Idade

c) Atividade que realizava na época.

d) Lembranças que o entrevistado tem desse momento.

2. **Em um pequeno grupo, compartilhem as informações que vocês obtiveram nas entrevistas.**

- Depois, contem para os outros grupos da classe o que vocês ouviram dos entrevistados. Ouçam as descobertas que seus colegas fizeram.

Você sabia?

A viagem de Laika

O primeiro ser vivo a ser lançado no espaço foi uma cachorrinha chamada Laika. Ela partiu no dia 3 de novembro de 1957, em um satélite artificial que viajou durante dez dias ao redor da Terra. No satélite, Laika ficou ligada a instrumentos que mediam seus batimentos cardíacos e sua pressão arterial, entre outras reações de seu corpo. Apesar desses cuidados, o satélite não foi programado para trazer o animal de volta à Terra.

Laika, em 1957, antes da decolagem.

5. As descobertas científicas e as inovações do dia a dia

Espuma plástica.

Objetos do cotidiano

Para que as viagens espaciais se tornassem possíveis, foi necessário buscar soluções para muitos problemas. Havia desafios a serem superados, como ocupar pouco espaço, evitar o excesso de peso, diminuir o desgaste de materiais e a ocorrência de incêndios, além de manter o controle das condições corporais dos astronautas, dentro e fora das espaçonaves.

Alimento desidratado.

Muitos avanços científicos resultaram da busca de soluções para esses problemas. Mais tarde, esse conhecimento pôde ser usado não apenas nas missões espaciais, mas também na produção de materiais e objetos usados pelas pessoas no dia a dia e que facilitam suas vidas.

Veja alguns exemplos representados nas imagens.

Tecido super leve e resistente.

Painéis de geração de energia elétrica a partir da luz solar.

Tecido resistente ao calor.

Braços robóticos em fábrica de automóveis.

O Projeto Apollo e as novas tecnologias

A tecnologia empregada no projeto Apollo também ajudou a desenvolver equipamentos médicos que permitem visualizar detalhes de praticamente todas as estruturas internas do corpo humano. Entre esses equipamentos está o tomógrafo, utilizado na realização de um exame conhecido como tomografia.

Observe as imagens e leia as informações sobre a tomografia.

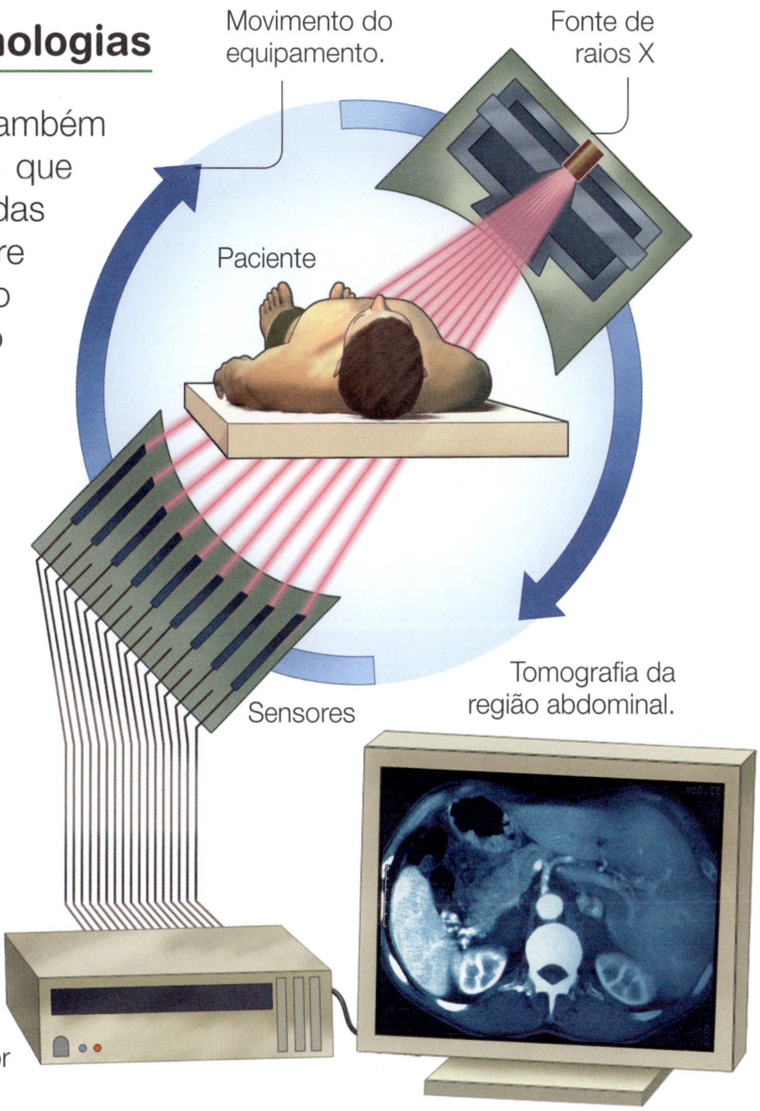

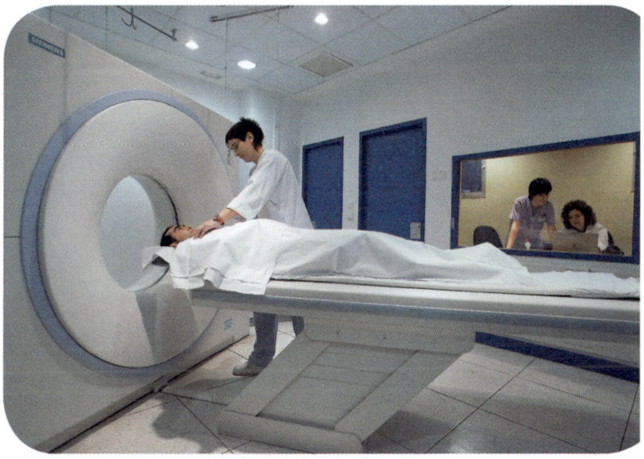

Paciente pronto para a realização do exame de tomografia.

- Você já viu uma tomografia? De qual parte do corpo humano?

Investigue

Os produtos feitos com material antiaderente, como este que você vê na foto ao lado, também são exemplos de aplicações tecnológicas dos conhecimentos desenvolvidos com as viagens espaciais. Converse com adultos e pergunte a eles quais vantagens o uso desses produtos traz para o dia a dia.

6. O Sistema Solar

O Sol e os planetas

Ao redor do Sol circulam diversos corpos celestes. O conjunto formado pelo Sol e por esses corpos é chamado Sistema Solar. Dentre os corpos que giram ao redor do Sol há os planetas (Mercúrio, Vênus, Terra, Marte, Júpiter, Saturno, Urano e Netuno), os planetas anões (Ceres, Éris e Plutão), cometas, asteroides e outros corpos celestes.

Os planetas são corpos celestes que não têm luz própria e giram em torno do Sol, descrevendo caminhos imaginários chamados órbitas.

O esquema a seguir representa alguns dos corpos celestes que compõem o Sistema Solar.

Modelo do Sistema Solar

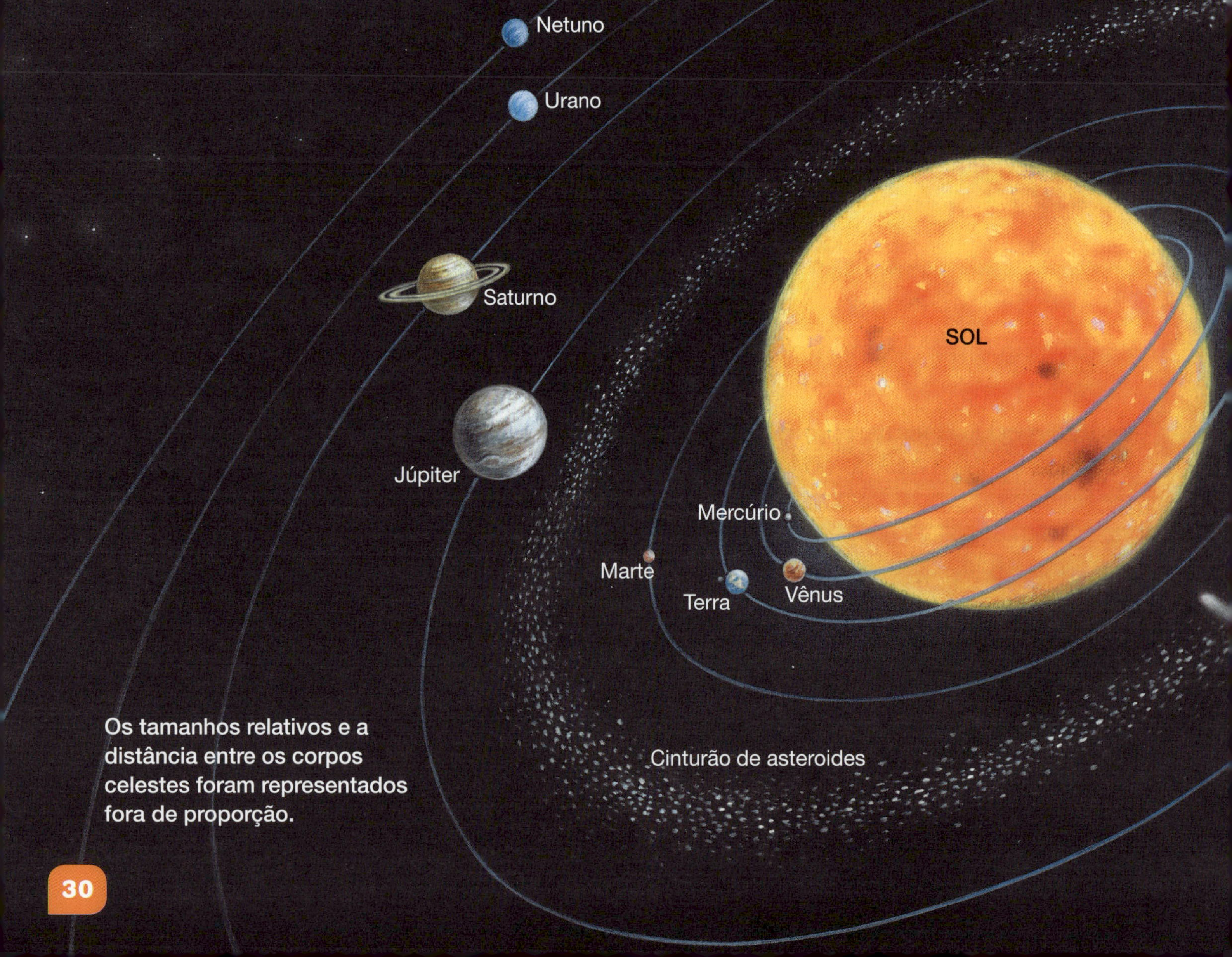

Os tamanhos relativos e a distância entre os corpos celestes foram representados fora de proporção.

Analisar e identificar

1. Com base nas informações representadas nas imagens e legendas, escreva os nomes dos planetas de acordo com o que se pede.
   a) O mais próximo e o mais distante do Sol.
   b) O maior e o menor planeta desse Sistema.
   c) Os planetas feitos principalmente de rochas.
   d) Os planetas compostos principalmente de gases.

Tamanhos dos planetas representados em proporção

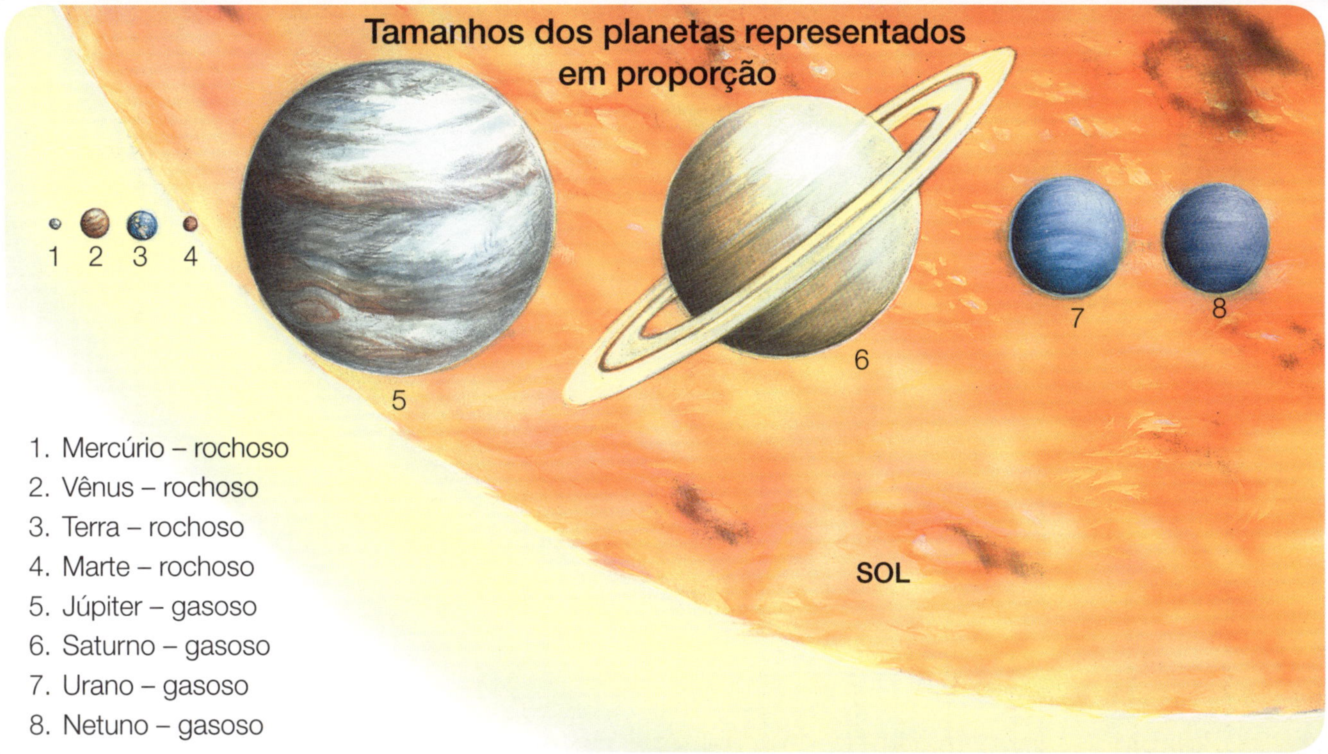

1. Mercúrio – rochoso
2. Vênus – rochoso
3. Terra – rochoso
4. Marte – rochoso
5. Júpiter – gasoso
6. Saturno – gasoso
7. Urano – gasoso
8. Netuno – gasoso

Por meio de um esquema como o mostrado nas páginas 30 e 31, não é possível representar a distância dos planetas em relação ao Sol nas proporções reais. Confira as distâncias reais, aproximadas, na tabela.

Distância dos planetas em relação ao Sol	
Planetas	Distância aproximada, em milhões de quilômetros
Mercúrio	58
Vênus	108
Terra	150
Marte	228
Júpiter	778
Saturno	1400
Urano	2900
Netuno	4500

2. Complete as lacunas com base na distância dos planetas ao Sol.

a) A Terra fica _______________ distante do Sol do que Marte.

b) Netuno fica a uma distância do Sol de, aproximadamente, 4500 milhões de quilômetros. _______________, por sua vez, fica a uma distância de cerca de 1400 milhões de quilômetros do Sol.

c) Ceres, um dos planetas anões do Sistema Solar, fica a uma distância aproximada de 414 milhões de quilômetros do Sol. Portanto, Ceres fica mais distante do Sol que _______________ _______________.

d) Plutão e Éris, outros planetas anões, ficam a cerca de 5900 e 10300 milhões de quilômetros do Sol, respectivamente. Qual é a posição de Plutão e Éris em relação ao Sol e aos outros planetas?

____

____

Um passo a mais...

Interpretar e fazer suposição

1. O esquema a seguir representa o tamanho relativo dos planetas e do Sol.

a) Escreva o nome do planeta que corresponde a cada um dos números abaixo.

1. ____________________ 2. ____________________

3. ____________________ 4. ____________________

5. ____________________ 6. ____________________

7. ____________________ 8. ____________________

b) O tamanho do Sol equivale a cerca de 1 milhão e 300 mil vezes o tamanho da Terra. Arrisque um palpite e assinale a resposta: o Sol é cerca de quantas vezes maior que Júpiter?

☐ 1000 ☐ 300 ☐ 30 ☐ 2

c) Justifique a escolha que você fez na questão anterior.

____

____

____

Refletindo mais

Espaçonaves na mídia

Selecionar e representar

Depois de tantas descobertas sobre o céu, vocês realizarão uma atividade: montar a primeira página de um jornal sobre uma viagem espacial, tripulada ou não.

1. Em pequenos grupos, recortem um pedaço de papel com 56 centímetros de comprimento e 32 centímetros de largura. Ele será a página de jornal.

2. Antes de produzir a página de jornal, anotem nos espaços abaixo o que ela deve conter:

a) O nome do jornal e a data de sua publicação.

____

b) A manchete e um pequeno texto sobre uma viagem espacial. Para obter informações sobre esse assunto vocês poderão consultar, entre outras fontes, os *sites* indicados na página 17.

____

____

____

c) Fotos da missão, como a representada a seguir.

Jipe lunar utilizado na missão Apollo 16, em 1972.

d) Vocês podem incluir curiosidades ou o depoimento de uma pessoa que acompanhou a missão espacial pela TV, internet, por jornais ou revistas. Anotem essas informações.

____

____

____

____

____

____

____

e) Se julgarem interessante, façam desenhos para ilustrar as matérias do jornal.

3. Antes de iniciar a elaboração da página de jornal, vejam a reprodução de duas publicações sobre a chegada do ser humano à Lua. Elas podem servir de referência para vocês.

O ESTADO DE S. PAULO

JULIO MESQUITA (1891 - 1927)

CONQUISTADA A LUA, DE VOLTA

É um passo pequeno para o Homem, um salto gigantesco para a Humanidade.

It's a small step for Man, one giant leap for Mankind.

Это - маленький шаг для человека — гигантский прыжок для человечества!

C'est un petit pas pour l'Homme, c'est un saut gigantesque pour l'Humanité.

登陸月球殊爲人類歷史上之壯舉

Es un paso pequeño para el Hombre, un salto gigantesco para la Humanidad.

一人の人間の小さなふみ出しであるが人類にとつては飛躍的な第一歩となろう

É un piccolo passo per l'Uomo, un salto gigantesco per l'Humanitá.

Es ist ein kleiner Schritt fuer den Menschen, ein riesenhafter Sprung fuer die Menscheit.

52 páginas

4. Quando as páginas de jornal estiverem prontas, organizem um painel coletivo, deem um título a ele e o exponham no "Canto de Ciências".

UNIDADE

2 Reconstruindo o passado da Terra

Já houve um tempo em que ocorriam frequentes erupções de vulcões, com o lançamento de materiais incandescentes à superfície. As cavernas que conhecemos hoje ainda não existiam.

Nesse tempo, plantas semelhantes a pinheiros e a samambaias gigantes conviviam com dinossauros e outros animais. Alguns desses animais buscavam comida e cuidavam de seus filhotes às margens de grandes lagos de águas rasas.

Existem maneiras de conhecer um pouco desse passado. Uma possibilidade é estudar os vestígios que os seres vivos deixaram nas rochas.

Cientistas estudando fósse de seres vivos n laboratório.

Estudo da área de um sítio paleontológico.

Reconstituição do fóssil e de seu ambiente.

Fósseis expostos para visitação, em um museu.

Primeiros contatos

1. Você já observou rochas? Percebeu as diferenças que existem entre elas?

2. Alguns materiais, coletados e estudados por cientistas, ajudam-nos a compreender melhor o passado da Terra. Que materiais são esses? Como eles se formaram em nosso planeta?

3. Você já visitou uma caverna ou viu imagens de alguma? Tem ideia de quais animais podem habitar um ambiente como esse?

7. A superfície da Terra

Formações rochosas na natureza

A superfície do planeta Terra é formada por uma camada de materiais sólidos que recebem o nome de rochas.

Na natureza, as rochas podem estar descobertas ou, ainda, recobertas por solo ou por água de mares, rios, lagos.

As fotos a seguir representam locais em que encontramos rochas descobertas.

Grandes blocos de rocha, chamados matacões, no Lajedo do Pai Mateus, em Cabaceiras, Paraíba, 2004. Os blocos têm tamanho variado; alguns deles chegam a atingir 12 metros de altura.

Paredão de rocha em Raso da Catarina, Bahia, 2004. Esses paredões têm altura média de 200 metros.

1. Você já tinha visto formações rochosas como as representadas nas imagens? Em que local?

Investigue

- Investiguem se há alguma formação rochosa descoberta próximo à região da escola.
- Caso haja, combinem com o professor uma visita ao local. Aproveitem para fotografar e fazer desenhos com legendas em folhas avulsas.
- Organizem o material produzido no “Canto de Ciências”.

No dia a dia, observamos diferentes tipos de fragmentos, isto é, pedaços de rochas, alguns semelhantes a estes você vê nas fotos. Eles são mais conhecidos como pedras.

Fragmento de quartzito.

Fragmento de calcário.

Fragmento de obsidiana.

Fragmento de granito.

Comparar e fazer suposições

2. Compare o aspecto dos fragmentos de rocha representados acima: em que eles são semelhantes? E diferentes?

3. Será que esses fragmentos são compostos do mesmo material? Escreva o que você pensa sobre isso.

4. Onde você supõe que essas rochas tenham se formado?

Colecionando fragmentos de rochas

Uma coleção é um conjunto organizado de objetos ou materiais, devidamente classificados e identificados.

- Você já colecionou algo? O quê? Conte aos colegas.

Atividade prática

Descrever e identificar fragmentos de rochas.

Vamos organizar uma coleção de fragmentos de rochas para serem expostos no "Canto de Ciências" quando esta unidade terminar?

- Formem pequenos grupos, observem as imagens e sigam as orientações.

Fragmentos de rochas expostos no Museu de Geociências da Universidade de São Paulo, São Paulo.

- Separem luvas e sacos plásticos.
- Conheçam os cuidados necessários para fazer a coleta de fragmentos de rochas.

Atenção!

A coleta de fragmentos deve ser feita sempre na companhia de um adulto, nunca sozinho. Para começar, protejam bem as mãos com uma luva plástica ou de tecido grosso, ou com sacos plásticos presos nos braços. Toquem e virem os fragmentos com um graveto, para certificar-se de que debaixo deles não há animais que podem picar, morder ou ferroar. Somente depois de tomar esse cuidado é que vocês devem recolher os fragmentos. Cada um deles deve ser colocado em um saco plástico etiquetado com os nomes dos componentes do grupo.

Encerrada a coleta, tirem as luvas e lavem muito bem as mãos e as luvas. Guardem-nas para o caso de usá-las novamente em outra atividade.

- Analise com os colegas o modelo de ficha a seguir. Cada fragmento de rocha terá uma ficha numerada contendo todas as informações. Caso o grupo julgue necessário, alterem dados ou acrescentem itens à ficha.

Modelo de ficha

- ✓ Nome de quem coletou o fragmento de rocha.
- ✓ Data da coleta.
- ✓ Condições do tempo nos dias anteriores à coleta: seco ou chuvoso?
- ✓ Nome do local em que o fragmento foi encontrado.
- ✓ Descrição do local da coleta: o terreno é plano ou inclinado? Com muitas ou poucas plantas? O solo parece conter mais areia ou mais argila? É seco ou úmido?
- ✓ Características do fragmento:
  - — Qual é a sua cor?
  - — É formado por grãos coloridos ou brilhantes? Eles são grandes ou pequenos?
  - — É liso ou áspero?
  - — Tem camadas? Parece estar lascado?
- ✓ Tentem explica como esse fragmento adquiriu a forma que ele apresenta e de que modo foi transportado ao local de onde foi retirado.
- ✓ O fragmento tem aparência natural ou parece ter sido alterado pelo ser humano? Justifiquem sua resposta.

8. A origem das rochas

Do interior à superfície da Terra

Formações rochosas, como as que você viu nas fotos da página 38, são compostas de uma mistura de materiais chamados minerais. Nas rochas, os minerais são encontrados sob a forma de grãos (cristais) coloridos, flocos, partículas muito finas; algumas dessas formas são visíveis a olho nu, outras, somente com a ajuda de um microscópio. O aspecto das rochas, isto é, a coloração, o brilho, a dureza, varia de acordo com os tipos e a quantidade de minerais que elas contêm.

Segundo estudos feitos por pesquisadores, algumas rochas formam-se na superfície da Terra com o esfriamento e o endurecimento do material derretido que é liberado por vulcões, como este representado na foto abaixo.

Esse material chama-se magma; ele vem do interior do planeta e é composto de vários minerais. O magma apresenta uma consistência pastosa e pode ultrapassar 1 000 °C de temperatura.

Erupção do vulcão Pico da Fornalha, na Ilha da Reunião, no Oceano Índico, em 23 de maio de 2007.

Observar e comparar

1. Rochas como o basalto, a obsidiana e o granito têm origem vulcânica. Observe e compare o aspecto dessas rochas.

Basalto

Obsidiana

Granito

a) Anote uma diferença entre o aspecto das rochas que tenha chamado a sua atenção. Justifique sua resposta.

____

____

b) Leia o texto abaixo e, em seguida, responda à pergunta.

A presença ou não de grãos coloridos nas rochas que se originam do magma de vulcões depende da rapidez com que esse magma esfria. Quando o magma esfria lentamente, formam-se grãos maiores. Se o magma esfriar rapidamente, não há tempo suficiente para que esses grãos se formem.

✓ Entre as rochas representadas acima, quais devem ter se originado a partir do resfriamento rápido do magma?

____

2. **O professor mostrará um fragmento de outra rocha de origem vulcânica, a pedra-pomes. Observem atentamente o aspecto e a consistência dela. Após a observação, façam o que se pede.**

a) Descrevam o aspecto da pedra-pomes.

b) Coloquem o fragmento em um frasco de vidro com água. O que acontece?

c) Tentem justificar o que ocorreu com o fragmento no frasco com água.

Rochas em camadas

Ao longo de muitos anos, as variações de temperatura do ar e a ação da água das chuvas, do vento e de alguns seres vivos causam o desgaste das rochas e a sua fragmentação. Os fragmentos podem ser grandes ou muito pequenos e são denominados sedimentos.

Esses fragmentos podem ser transportados pela água da chuva e dos rios, acumulando-se em locais como o fundo de lagos e mares, por exemplo. Nesses locais, os sedimentos se acumulam em camadas.

Identificar e descrever

3. Observe o esquema a seguir. Complete os espaços descrevendo o fenômeno representado.

1 ______________________________

____

2 ______________________________

____

____

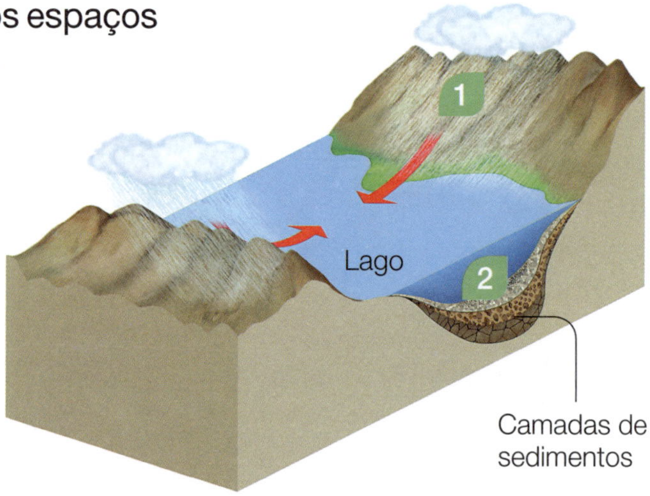

4. Leia o texto, observe as imagens e depois responda.

Camadas de materiais acumulados, em processos como o descrito acima, acabam se compactando e endurecendo. Depois de muitos anos, formam-se rochas. Os fragmentos ao lado são de rochas com esse tipo de formação.

- Quais características desses fragmentos indicam que eles se originaram da forma representada no esquema e texto acima?

____

____

1

Calcário, um tipo de rocha.

2

O conglomerado é um tipo de rocha constituído de sedimentos de vários tamanhos.

Em algumas rochas que se formaram a partir do acúmulo de sedimentos, incorporaram-se também às camadas outros materiais como lodo, restos de conchas e esqueletos de animais e grãos de areia.

A metamorfose das rochas

Com o passar do tempo, algumas rochas sofrem transformações causadas, por exemplo, por mudanças de temperatura, pela ação da água e pelo movimento das camadas de rochas do subsolo. Em consequência dessas mudanças, outros tipos de rocha formam-se na natureza.

Veja, a seguir, fragmentos de algumas dessas rochas.

Fragmento de mármore.

Fragmento de ardósia amarela.

O gnaisse é uma rocha que surgiu de transformações sofridas principalmente pelo granito na natureza.

Você sabia?

Onde encontrar gnaisse

Duas grandes e importantes formações rochosas brasileiras – o morro do Pão de Açúcar e o do Corcovado, na cidade do Rio de Janeiro – são formadas basicamente por gnaisse.

Escada da Pedra do Sal.

O morro do Pão-de-Açúcar tem 396 metros de altura e é formado basicamente por gnaisse e granito.

O mesmo tipo de gnaisse que forma o Pão-de-Açúcar foi utilizado para fazer a famosa escada da Pedra do Sal, onde o samba nasceu. Prédios importantes, da mesma cidade, como o Palácio do Catete e o Museu Nacional de Belas Artes, por exemplo, também apresentam o gnaisse na sua construção.

Um passo a mais...

Observar e aplicar

1. Observe as rochas representadas nas fotos abaixo e responda à questão.

Grande bloco de arenito no Parque Nacional da Serra da Capivara, Piauí, 2003. A altura máxima dos paredões nesse local é de 200 metros.

A abertura na Pedra Furada, no Parque Nacional de Jericoacoara, em Jijoca de Jericoacoara, no Ceará, 2006. A formação tem altura aproximada de 5 metros.

- Como deve ter se formado o bloco de arenito representado na foto1? Justifique.

2. Observe atentamente a foto 2 e responda.
   a) Que agente da natureza pode ser responsável pelo desgaste da rocha?
   b) Para onde você supõe que tenham ido os sedimentos e os fragmentos retirados dessa formação rochosa?
   c) O que pode acontecer com esses sedimentos e fragmentos ao longo de milhares de anos?
   d) Que outro material da natureza poderia ser incorporado a esses sedimentos e fragmentos de rocha com o passar do tempo?

Das rochas ao solo

Como você viu, as rochas passam por processos naturais de desgaste, dando origem a fragmentos de diversos tamanhos. Esses fragmentos podem dar origem ao solo.

Acompanhe a sequência que representa algumas etapas do processo de formação do solo a partir do desgaste de uma formação rochosa.

1 A parte mais exposta de uma rocha sofre a ação das mudanças de temperatura, da água, do vento, e de alguns seres vivos. Por consequência, ela se torna cada vez mais frágil e acaba se quebrando. Inicia-se, assim, o processo de formação do solo.

2 Com o passar do tempo, fragmentos de rocha e restos de seres vivos vão se acumulando na superfície do solo. As plantas começam a se desenvolver. A camada inferior da rocha se mantém.

3 Mais restos de animais e plantas e de minerais liberados devido ao desgaste da rocha se acumulam no solo, tornando-o mais profundo.

4 À medida que o tempo passa, o solo vai acumulando materiais necessários ao desenvolvimento de plantas de diferentes portes.

9. Vestígios de um passado distante

A formação dos fósseis

Em alguns tipos de rochas são encontrados fósseis. Os fósseis são restos ou vestígios de seres vivos que habitaram o planeta Terra há milhões de anos. Há diversos tipos de fósseis, como fósseis de pegadas, de ovos, de fezes; de restos de plantas, como troncos e folhas; de partes duras do corpo de animais, como ossos, conchas, carapaças, e até mesmo de animais inteiros.

Veja os exemplos de fósseis apresentados nas fotos.

1

Conchas fossilizadas.

2

Fósseis de insetos conservados em âmbar.

Observar e fazer suposições

1. Como se formam os fósseis? Conte aos colegas o que você pensa sobre isso.
2. Observe novamente as fotos acima. Que informações você supõe que podem ser obtidas quando se analisam:
   a) vestígios, como fezes petrificadas e ovos?
   b) restos, como pedaços de plantas e animais inteiros, ossos e conchas de animais?

Geralmente, os fósseis são encontrados em rochas chamadas sedimentares, isto é, rochas que se formaram a partir do acúmulo de sedimentos. A formação dos fósseis ocorre quando um vestígio ou resto de algum ser vivo é soterrado e compactado juntamente com os sedimentos. Ao longo de milhares ou milhões de anos, o material que compõe os seres vivos é substituído por minerais que darão origem a rochas com o formato desses vestígios ou de fragmentos de animais ou plantas.

Acompanhe as duas sequências de esquemas a seguir. Elas representam o processo descrito acima.

Esquema do processo de formação de fósseis

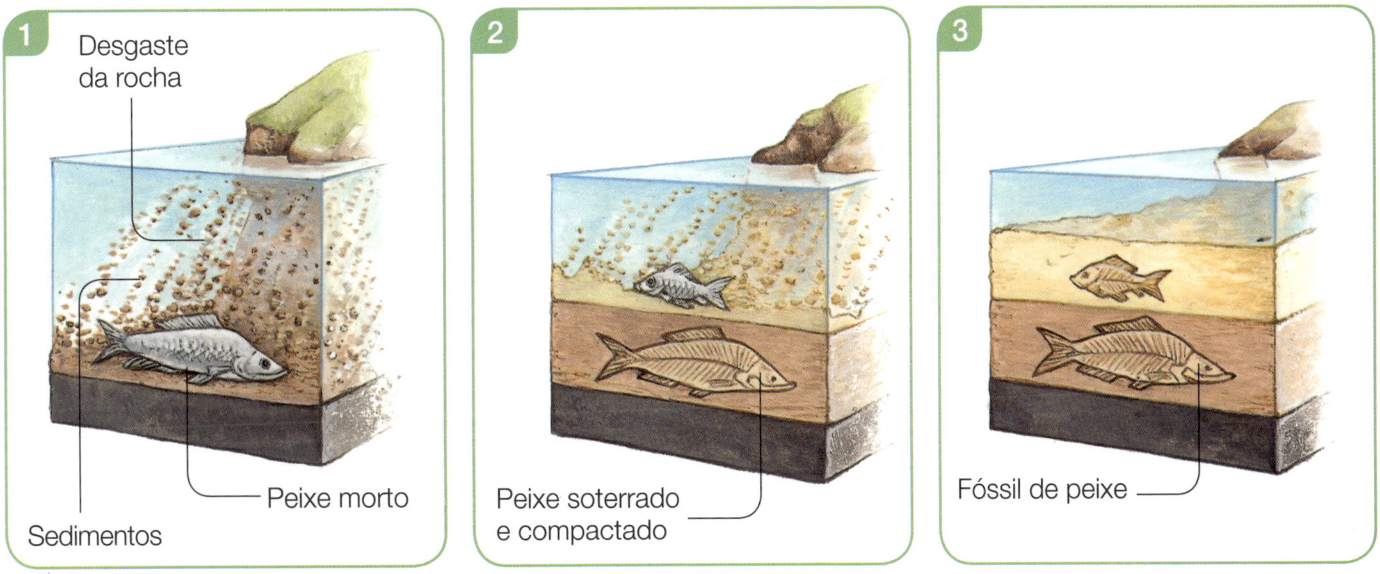

Esquema do afloramento dos fósseis

Como você pode observar no final da segunda sequência, com o movimento das rochas, os fósseis podem aflorar, isto é, ficar visíveis nas rochas.

Para entender melhor o processo de fossilização de um ser vivo, você e seus colegas farão alguns moldes na atividade prática a seguir.

Atividade prática

Representar e analisar moldes em argila

O tipo de atividade que vocês realizarão é denominado simulação. Vocês farão moldes que ficarão com a aparência semelhante à dos fósseis.

Material necessário

- jornal velho
- argila em pó
- jarra com água
- um recipiente de plástico, limpo e seco
- ossos de galinha, limpos e secos, sementes, pequenos galhos de árvore, folhas de planta e conchas.

Como montar

- Forrem o local onde a montagem será feita com as folhas de jornal.
- Coloquem dentro do recipiente de plástico uma camada de cerca de 2 centímetros de argila em pó.
- Sobre a camada de argila em pó, coloquem uma camada de 4 centímetros de argila molhada.
- Sobre a argila molhada, coloquem os ossos, as conchas, as sementes, os galhos e as folhas.
- Salpiquem esses materiais com argila em pó e cubram com uma camada de cerca de 4 centímetros de argila molhada.
- Deixem a montagem secar por 3 dias.
- No fim desse período, retirem os materiais de dentro do recipiente de plástico e tentem separar, cuidadosamente, as camadas da montagem.

Discutindo os resultados

1. Observem alguns dos moldes impressos na argila. Depois, escolham um dos moldes e representem-no por meio de desenho.

2. Qual dos moldes feitos pelo seu grupo ficou mais semelhante ao material que lhe deu origem? Qual molde foi mais difícil de identificar? Por quê?

3. Que informações ficaram registradas nos moldes?

4. Imaginando que os moldes fossem realmente fósseis, o que seria possível descobrir sobre a história e os hábitos de vida desses seres vivos?

O estudo dos fósseis

Existem especialistas que estudam a história dos seres vivos que habitaram a Terra há milhões de anos. Esses especialistas, que estudam os fósseis, são os paleontólogos.

Os fósseis são encontrados pelos paleontólogos em locais como este representado na foto, chamados sítios paleontológicos.

Equipe formada por paleontólogos e por espeleólogos, cientistas especializados no estudo de cavernas. Eles estão em expedição na caverna Toca da Boa Vista, Campo Formoso, Bahia, 2004.

Os fósseis coletados são levados para um laboratório onde serão estudados, identificados e classificados.

Nesta foto abaixo você vê uma cientista realizando esse trabalho.

Paleontóloga trabalhando com ossada no Museu de Dinossauros Espéraza, França, 1997.

Os paleontólogos estudam bastante os fósseis, procurando descobrir como seria a vida desses organismos do passado. Eles também analisam e usam diferentes técnicas para obter outros tipos de informações dos fósseis, como a época em que determinado organismo viveu.

Depois de analisados e classificados, os materiais recolhidos pelos paleontólogos podem ser expostos em museus, como estes que você vê nas imagens.

Amostras de fósseis em exposição no Museu de Paleontologia da Universidade Regional do Cariri, em Santana do Cariri, Ceará, 2006.

No primeiro plano, osso de titanossauro no Museu Municipal de Arqueologia, em Monte Alto, São Paulo, 2001.

3. Consulte o dicionário e anote o significado das palavras:

a) Arqueologia.

____

____

b) Paleontologia.

____

____

Para os paleontólogos, as pegadas também são pistas importantes. Por meio delas, esses cientistas podem obter informações, como o tamanho do corpo, o modo de locomoção, o tipo e a quantidade de patas que o animal possuía.

Observe na foto ao lado um exemplo de como as pegadas podem ser.

Essas pegadas estão no Vale dos Dinossauros, em Souza, Paraíba.

Um passo a mais...

Observar e representar

1. Observe atentamente detalhes do fóssil que aparece na foto.

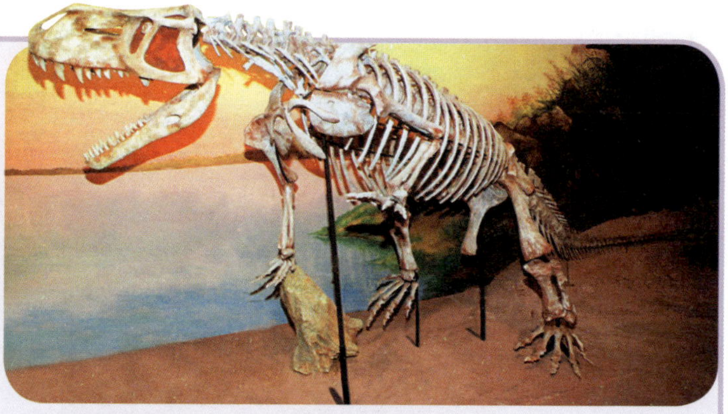

- Agora, faça de conta que você é o paleontólogo que descobriu ossos e pegadas e fez a reconstituição do esqueleto do animal representado acima. Com base em seus estudos complete os dados da ficha seguinte.

Ficha

Nome do animal: **Tecodonte.**

Altura: **cerca de 8 metros.**

Hábito de alimentação: ____________________

Vestígios fósseis encontrados: ____________________

Tipo de rocha que, provavelmente, formou o terreno em que o fóssil foi encontrado: ____________________

Idade do fóssil: cerca de 200 ____________________ de anos.

Desenho das pegadas encontradas:

10. No tempo dos dinossauros

Uma nova descoberta

O estudo dos materiais fósseis permite identificar a espécie e a idade do ser vivo e também pode dar indicações de como era o ambiente em que viveram plantas e animais há milhões de anos.

Leia esta notícia.

Cientistas acham novo dino gigante na Patagônia

Cientistas brasileiros e argentinos anunciaram ontem no Rio a descoberta de uma espécie de dinossauro gigante que habitou a América do Sul há quase 90 milhões de anos e pode ser um dos três maiores animais que já andaram sobre a Terra. Os fósseis surgiram em terrenos desérticos [...], no sul da Argentina.

As escavações começaram em 2000, quando especialistas [...] descobriram ali a vértebra [...] de um dino de grande porte numa camada de sedimentos de 88 milhões de anos de idade.

"Os animais viveram nessa época. Quando se encontra um sedimento com essa idade, você pode ter certeza de que os animais têm idade semelhante", diz Alexander Kellner, paleontólogo do Museu Nacional, no Rio.

[...] O que mais surpreendeu os especialistas foi o esqueleto parcial de um dinossauro gigante herbívoro, batizado de *Futalognkosauros dukei*. [...]

Outro ponto de destaque na pesquisa é o fato de que os fósseis de animais e plantas encontrados no local permitirão a rara reconstituição [...] da região há milhões de anos. Foram achados resquícios* de conchas, folhas, peixes, crocodilos, dinossauros de grupos variados, inclusive carnívoros, e répteis voadores.

Sérgio Torres. Cientistas acham novo dino gigante na Patagônia. *Folha de S.Paulo,* 16 out. 2007, p. A15, Caderno Ciência.

Localização da Patagônia

Interpretar e localizar

- Responda de acordo com o texto da página anterior.
  - **a)** O texto trata de qual assunto?
  - **b)** Quais foram os materiais fósseis encontrados no local pelos cientistas?
  - **c)** Conhecer a idade do terreno pode auxiliar os pesquisadores nas descobertas sobre o animal? Como?

Há 90 milhões de anos, período da Terra chamado de era Mesozoica, também existiam répteis pequenos, com o corpo do tamanho de uma galinha, além de outros répteis que tinham o corpo coberto de penas e alguns mamíferos pequenos.

Pesquise

1. **A fim de saber mais sobre a história da Terra, consultem livros, revistas, jornais e páginas da internet para responder às questões a seguir.**

a) O período que vai da origem da Terra até os dias de hoje é denominado tempo geológico. Esse período é dividido em quatro grandes intervalos, as chamadas eras geológicas. Que eras são essas? Com base em quais informações elas foram divididas?

2. **Há quantos milhões de anos a era Mesozoica teve início? Quando terminou?**

a) Quais grupos de animais surgiram nesse período?

Representação artística de um dinossauro semelhante àquele cujos restos foram encontrados na Patagônia. Foram usadas cores-fantasia.

b) Qual era o aspecto das plantas nessa era?

c) No final dessa era, ocorreu a extinção dos dinossauros. Encontrem uma possível causa para esse fato.

3. **É possível diferenciar o fóssil de um dinossauro herbívoro do fóssil de um carnívoro. Com base em quais evidências você supõe que os paleontólogos podem fazer essa comparação?**

4. Com base nas informações obtidas na pesquisa e apresentadas em seu livro, montem um painel coletivo com pequenos textos e desenhos que representem o ambiente onde viveu o dinossauro *Futalognkosauros dukei*.

- Deem um título para o painel e pendurem no mural do "Canto de Ciências". Convidem colegas de outras classes para conhecer os trabalhos de vocês.

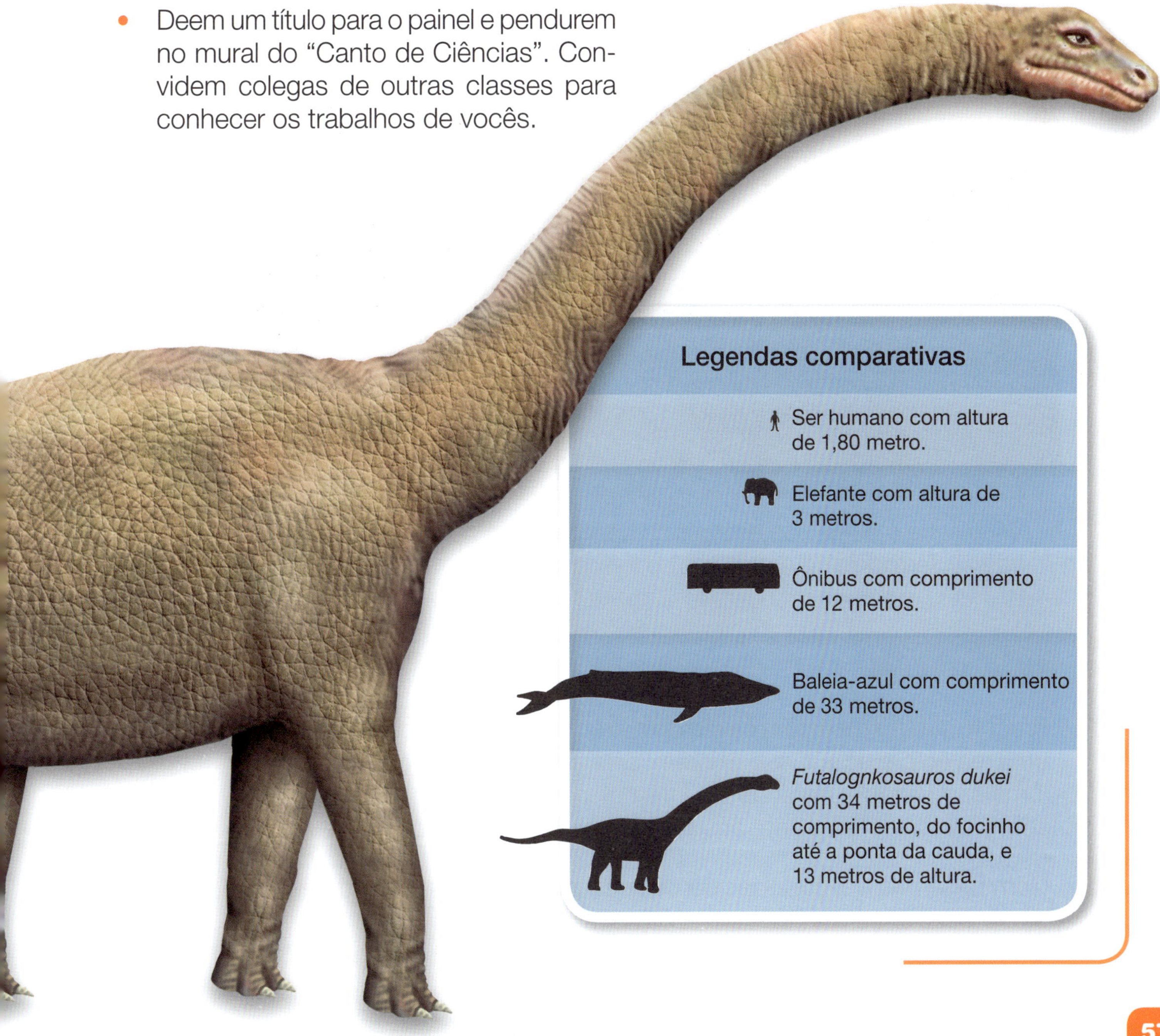

Legendas comparativas

- Ser humano com altura de 1,80 metro.
- Elefante com altura de 3 metros.
- Ônibus com comprimento de 12 metros.
- Baleia-azul com comprimento de 33 metros.
- *Futalognkosauros dukei* com 34 metros de comprimento, do focinho até a ponta da cauda, e 13 metros de altura.

11. O ambiente das cavernas

A formação das cavernas

As cavernas são grandes cavidades naturais existentes em alguns tipos de rocha.

Observar e fazer suposições

1. Você já visitou uma caverna? Viu fotos ou filmes que mostrem como é uma caverna por dentro? Conte aos colegas.
2. Na foto a seguir vê-se o interior de uma caverna. Observe atentamente as estruturas que aparecem no teto e no chão desse ambiente.

- Você sabe o nome das estruturas que aparecem no interior da caverna? Tem ideia de como elas se formam?

Investigue

1. Procure saber se existem cavernas na região em que você vive ou em uma região próxima. Caso existam, converse com adultos e consulte jornais, revistas e páginas da internet para descobrir informações sobre elas. Anote e conte aos colegas as suas descobertas.
2. Com base nas descobertas da classe, escrevam um texto coletivo sobre esse assunto.

A água da chuva e dos rios de determinados locais pode tornar-se ligeiramente ácida, sendo capaz de corroer alguns tipos de rochas, como as calcárias, por exemplo. Em contato constante com esse tipo de rocha, a água vai, pouco a pouco, causando o seu desgaste. Isso pode levar à formação de canais que, com o tempo, vão crescendo cada vez mais. Como consequência desse processo, mais água vai infiltrando e penetrando nas rochas, formando as cavidades das cavernas.

Fragmento de calcário, um tipo de rocha sedimentar.

A água que desgasta as rochas traz consigo minerais. Quando ela evapora, os minerais se depositam nas paredes da caverna e dão origem às estruturas chamadas espeleotemas. Veja alguns espeleotemas nas fotos abaixo.

Formações internas de uma caverna: as estalactites (no teto) e as estalagmites (no chão), que são tipos de espeleotemas.

Gota de água caindo de estalactite. Caverna do Diabo, Parque Estadual de Jacupiranga, estado de São Paulo.

As estalactites formam-se nos tetos ou paredes de uma caverna, a partir de gotas de água cheias de minerais. À medida que a água seca, os minerais se acumulam no teto.

Pingando no mesmo local continuamente, esses minerais acabam se acumulando no chão e formam as estalagmites.

Atividade prática

Representar e analisar o acúmulo de minerais no fio de lã

- O professor vai fazer a montagem do experimento. A atividade deve ser conduzida em um local bem ventilado da sala de aula ou da escola e onde bata sol diariamente.

Material necessário

- dois potes de vidro
- saponáceo diluído em água morna
- um pires
- uma trança (de mais ou menos 50 centímetros), feita de 3 fios de lã de cores diferentes.

Observem como vai ficar a montagem.

Atenção!

O saponáceo é um produto tóxico. Por isso, façam a observação sem tocar nos potes de vidro, no pires ou nos fios de lã.

Os potes contêm saponáceo, produto usado para dar brilho às panelas. O saponáceo foi diluído na água.

- Vocês observarão o experimento por alguns dias, registrando por meio de textos e desenhos o que ocorre ao longo do tempo.
- No fim desse período, respondam às perguntas seguintes.

1. O que aconteceu com a água dos potes? Por que isso aconteceu?

2. Registre, por meio de desenho, como ficou a montagem no fim do período de observação.

3. Vocês acham que o local escolhido para manter a montagem influenciou o resultado de alguma forma? Por quê?

4. Se o professor tivesse utilizado água fria, haveria alguma diferença no resultado? Se houvesse, qual seria a diferença?

5. Comparem o resultado do experimento com o processo de formação de espeleotemas em uma caverna.

a) O que representou as paredes ou o teto de uma caverna no experimento?

b) O que representou os espeleotemas?

c) Com base nessa atividade, tente explicar por que o ambiente das cavernas é tão úmido.

12. Os habitantes das cavernas

O aspecto dos animais

Geralmente, o interior das cavernas é úmido e pouco ventilado. Além disso, não recebe luz.

Representar e fazer suposições

1. Com base na descrição acima, faça um desenho a lápis para representar os seres vivos que você imaginaria encontrar no interior de uma caverna. Eles podem estar no teto, nas paredes, no chão, sobre rochas e na água dos rios que passam no interior desse ambiente.
   - Escreva ao lado dos desenhos os nomes dos seres vivos.

Em uma caverna podem ser encontrados microrganismos e diferentes animais. Alguns desses seres entram e saem da caverna ao longo do dia e, geralmente, usam esse local como abrigo ou para se esconder de seus predadores. Entre esses animais estão alguns tipos de ratos, sapos, mosquitos, serpentes, aves, morcegos, baratas, centopeias, besouros, grilos, aranhas e, dependendo da região do mundo em que a caverna está localizada, animais de grande porte, como ursos, por exemplo.

As fotos abaixo mostram três desses animais. Perceba que eles têm o corpo pigmentado, isto é, contém um tipo de substância que lhes dá cor.

Grupo de morcegos no teto de uma caverna, no município de Presidente Figueiredo, Amazonas.

O guácharo é uma ave que descansa durante o dia no interior de cavernas, onde também constrói seus ninhos.

Opilião. Um animal semelhante às aranhas, que é frequentemente encontrado em cavernas.

Em algumas cavernas, os morcegos vivem em grandes grupos, que podem chegar a ter milhares e até mesmo milhões de indivíduos. Os morcegos podem se alimentar de pequenos animais, de frutos ou de néctar das flores. Mesmo tendo uma visão deficiente, os morcegos conseguem localizar seu alimento durante a noite, percebendo os odores e os sons do ambiente.

Em áreas mais internas das cavernas há animais chamados cavernícolas; eles jamais saem desse ambiente. Os animais cavernículas apresentam características corporais relacionadas ao ambiente sem a presença da luz, como olhos atrofiados* e pigmentação reduzida, isto é, pequena quantidade de substâncias que dão cor ao corpo.

O peixe e o anfíbio que você vê nas fotos abaixo apresentam essas características no corpo.

Bagre-cego, um tipo de peixe encontrado, principalmente, no fundo dos rios de algumas cavernas. Fotografado no Museu de História Natural da Universidade do Texas, Estados Unidos.

Salamandra, anfíbio que pode ser encontrada nas pedras, no fundo de rios de cavernas.

Dentro de algumas cavernas também é possível encontrar lagostas e camarões cegos, sem pigmentos no corpo e com longas antenas.

2. Animais como o bagre-cego e o camarão albino certamente enfrentariam problemas se tivessem de viver fora das cavernas. Quais seriam esses problemas?

3. Além de camarões e lagostas, é comum encontrar nas cavernas grilos com antenas muito grandes. Como você acha que as antenas desenvolvidas podem auxiliar esses animais a viver em cavernas?

4. As plantas não sobrevivem dentro das cavernas. Proponha uma justificativa para esse fato.

Você sabia?

Passado submerso – Fósseis de preguiças gigantes são resgatados na caverna do poço Azul (BA)

Chapada Diamantina, Bahia. Um local conhecido por suas belezas naturais é agora palco de uma verdadeira aventura paleontológica. Fósseis submersos de vários animais estão sendo resgatados a mais de 15 metros de profundidade na caverna do poço Azul, no município de Nova Redenção. Já foram identificadas 14 espécies diferentes. Entre os achados, chama a atenção o de um esqueleto quase completo de um mamífero herbívoro gigantesco que viveu em todas as Américas até cerca de 11 mil anos atrás: a preguiça terrícola, que chegava a medir 6 metros de comprimento.

Durante o trabalho, [...] também foram coletados fósseis de outra preguiça terrícola, que permitirão ao pesquisador fazer uma nova descrição dessa espécie [...].

Além dessas duas preguiças gigantes, a equipe encontrou nos sítios do poço Azul fósseis de um toxodonte (animal semelhante a um rinoceronte) da mesma espécie dos que viveram na Argentina. [...]. Também foram resgatados um fêmur de um mastodonte (do porte de um elefante asiático, mas com presas maiores), um par de placas de tatu gigante e ossos de um pequeno carnívoro chamado jaratataca (*Conepatus semiestriatus*), um veado, uma tartaruga, porcos, roedores, morcegos, marsupiais, lagartos, cobras e duas outras espécies de preguiças terrícolas. [...]

Thaís Fernandes. Passado submerso – Fósseis de preguiças gigantes são resgatados na caverna do poço Azul (BA). *Ciência Hoje*, n. 218, ago. 2005.

Pesquisador junto a um osso de preguiça gigante de cerca de 10 milhões de anos. Chapada Diamantina, BA.

Um passo a mais...

Representar e aplicar

1. O esquema a seguir representa uma caverna vista em corte. Dê um título a ele e elabore legendas correspondentes aos elementos indicados.

Título do esquema: ______________________________

Os elementos do esquema estão representados fora de proporção e em cores-fantasia.

Refletindo mais

Apresentando a coleção de rochas

Representar e explicar

Ao longo desta unidade, você e seus colegas organizaram uma coleção de rochas.

Agora, vocês farão uma exposição do material coletado na atividade prática do capítulo 7 para apresentar para os colegas de outras salas da escola.

- Formem grupos e tragam: caixas de sapato, cartolinas, folhas de jornal, tesoura de pontas arredondadas e cola.
- Para começar, escolham as amostras de rochas que serão expostas.
- Organizem as caixas de sapato, dividindo-as internamente em partes, com tiras de papelão ou pedaços de jornal, dependendo do tamanho das amostras que vocês coletaram.
- Recortem pequenos pedaços de cartolina e colem-nos nas laterais das caixas. Escrevam neles os números das amostras.
- Tirem as amostras dos sacos plásticos e coloquem nos espaços das caixas, de acordo com os números correspondentes.

Revisem as informações registradas nas fichas. Completem ou alterem alguns dados, caso julguem necessário.

- Recortem pedaços maiores de cartolina e copiem neles as fichas, já revisadas.
- Para cada caixa, façam um cartaz com as fichas correspondentes às amostras.
- Organizadas todas as caixas e fichas, combinem com o professor como ficará a montagem da sala para a exposição.
- Criem um cartaz ilustrado com o título da exposição e pendurem no mural do "Canto de Ciências".

Sugestão de organização da sala de aula.

- Convidem os colegas de outras salas para visitar a exposição.

UNIDADE 3

Dar origem a novos descendentes

A reprodução é muito importante para todos os seres vivos, sejam eles plantas, animais ou microrganismos. Nos seres humanos, é preciso que o corpo passe por várias mudanças até que esteja pronto para a reprodução.

Primeiros contatos

1. Você já ouviu falar em uma fase da vida do ser humano chamada puberdade? Você tem ideia do que ocorre com a pessoa durante essa fase?

2. Algumas espécies de animais apresentam estruturas tanto do sexo masculino como do feminino. Você conhece algum animal com essa característica? Qual?

3. Você já observou alguma flor bem de perto? Conte aos colegas como ela era.

4. Que significado o termo *fecundação* tem para você? Conte aos colegas.

13. Plantas que produzem flores

As flores hermafroditas

As plantas passam por mudanças ao longo de sua vida. Essas mudanças representam diferentes etapas do seu ciclo de vida.

Observe na sequência de fotos exemplos de etapas desse ciclo.

Etapas do ciclo de vida de uma jabuticabeira

Flores da jabuticabeira.

Muda de jabuticabeira.

Jabuticabeira jovem.

Jabuticabeira adulta, em flor.

Jabuticabeira adulta com frutos.

Frutos.

Fruto em corte.

Semente.

A jabuticabeira é uma árvore nativa do Brasil. Ela atinge cerca de 10 metros de altura quando adulta. Seus frutos têm o tamanho aproximado de uma bola de gude.

Fazer suposições e relacionar

1. No ciclo de vida de uma planta como a jabuticabeira, que função a flor desempenha?
2. Que relação existe entre a flor, o fruto e a semente? Conte aos colegas o que você pensa sobre isso.

Como você pôde ver nas páginas anteriores, uma das mudanças que observamos no ciclo de vida de alguns tipos de planta é o surgimento de flores em determinadas épocas do ano. As flores não são todas iguais; elas variam entre os diferentes tipos de planta.

Flores do pequizeiro, árvore típica do cerrado.

Flores de paineira, uma árvore que pode chegar a 20 metros de altura.

Muitas flores apresentam pétalas de cores variadas. Elas são, geralmente, perfumadas, e muitas vezes atraem diversos animais. A maioria das flores apresenta também sépalas, estruturas normalmente de cor verde que cobrem as pétalas, antes de a flor desabrochar.

Flores de azaleia, uma planta ornamental.

3. Compare as flores nas fotos acima. O que elas têm em comum? Quais são as diferenças entre elas?

4. Você percebeu que além das pétalas e sépalas há outras estruturas na flor? Que estruturas são essas? Indique uma função que essas estruturas podem ter.

Além das pétalas e sépalas, as flores têm estruturas responsáveis pela reprodução: uma parte feminina e uma parte masculina. Há plantas cujas flores têm apenas a parte masculina ou apenas a feminina. Outras plantas têm, na mesma flor, tanto a parte masculina como a feminina.

As plantas que apresentam flores com estruturas masculinas e femininas são chamadas hermafroditas. Observe um exemplo no esquema abaixo.

Estrutura da flor

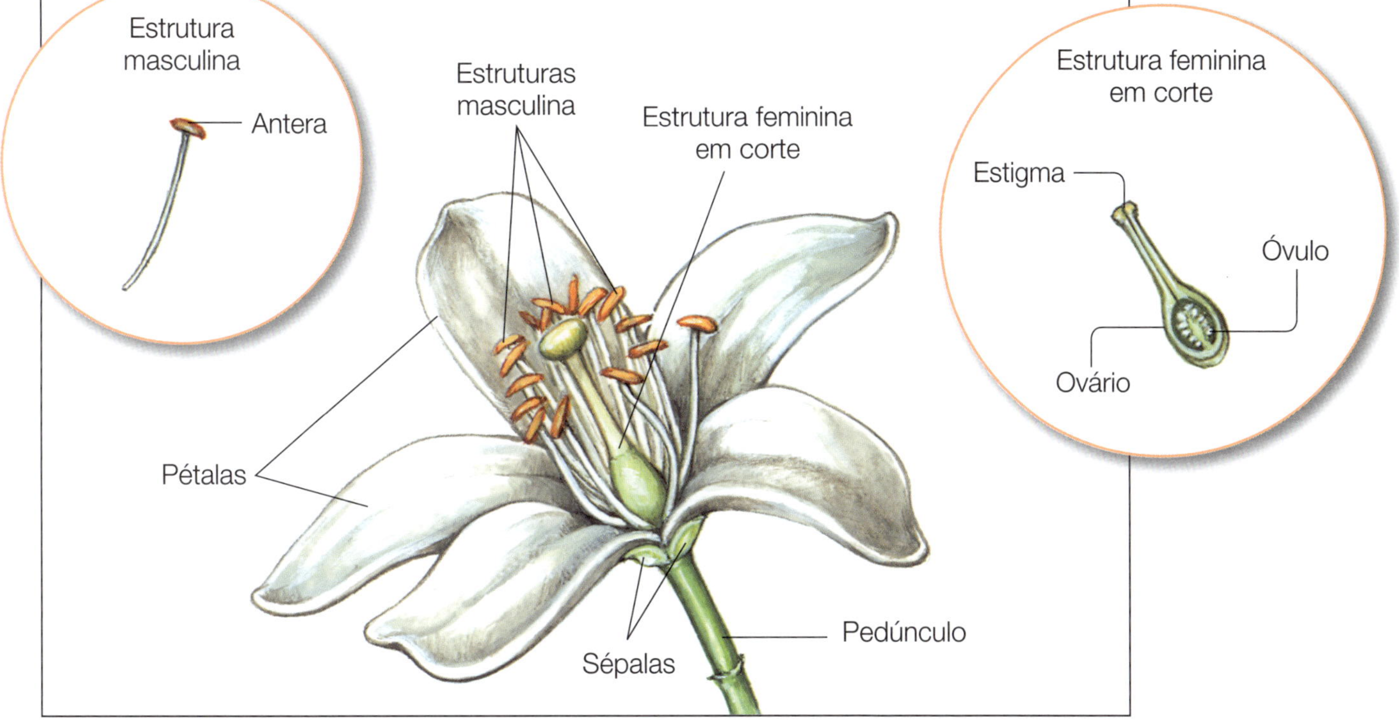

Na parte masculina é possível observar estruturas parecidas com pequenas bolsas: são as anteras. Nas anteras são produzidos pequeninos grãos de cor amarelada: os grãos de pólen. Esses grãos contêm as células reprodutivas masculinas da planta.

Na parte feminina ficam o estigma, de aspecto geralmente aveludado e umedecido, e o ovário, onde os óvulos se desenvolvem. Nos óvulos estão as células femininas responsáveis pela reprodução.

As estruturas masculina e feminina podem ter aspectos muito diferentes, variando de planta para planta.

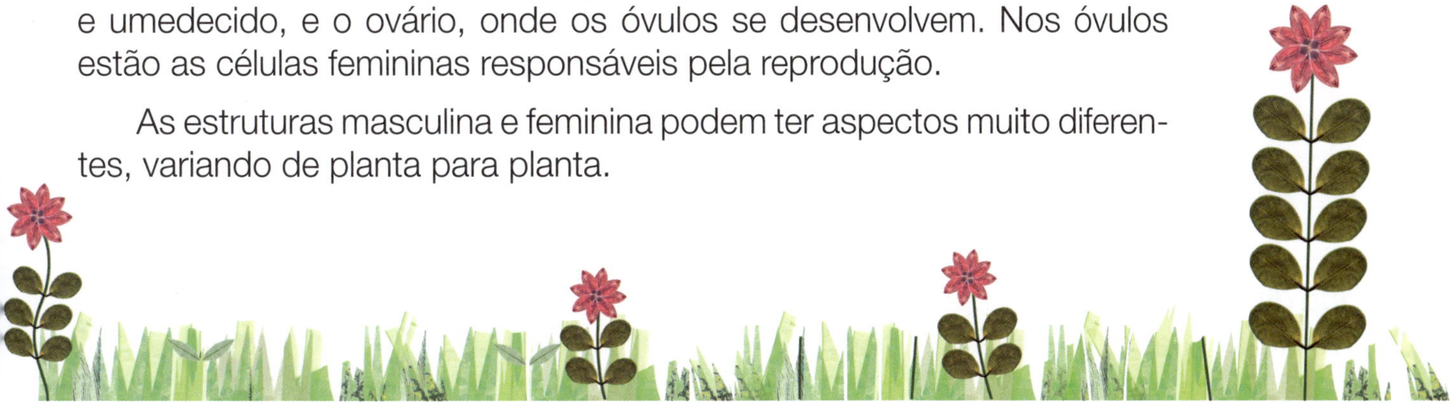

Conhecidas as estruturas, vamos observar algumas flores mais de perto.

- Com a orientação do professor, combinem um dia para observar flores. Vocês podem visitar o jardim da escola ou outro local próximo.

Atenção!

Não toquem nas flores; apenas observem com muita atenção! Dentro delas podem estar pequenos animais que, para se defender, picam as pessoas.

Representar e comparar

5. Numa folha avulsa, desenhem as flores. Tentem indicar as pétalas, as sépalas, as partes masculinas e as femininas. Anotem também os nomes das flores, se souberem.

- Passem a limpo os desenhos e as anotações que fizerem no espaço abaixo.

6. Que diferenças as flores apresentam com relação ao aspecto das estruturas masculinas e femininas?

A polinização das flores

Observar e fazer suposições

7. Observe as fotos abaixo. Você já viu cenas como estas? Por que será que estes e alguns outros animais sempre visitam as flores?

Borboleta.

Morcego.

Beija-flor.

Alguns animais, como os representados nas imagens acima, visitam as flores para se alimentar de um líquido de sabor doce produzido por elas: o néctar. Ao visitar a flor, grãos de pólen das anteras podem ficar grudados no corpo desses animais. Quando pousam em outras flores, alguns grãos de pólen podem passar do corpo desses animais para os estigmas das flores.

O vento e a chuva também transportam grãos de pólen de uma flor para outra. A esse fenômeno de transporte dá-se o nome de polinização.

Ao cair no estigma da flor de uma planta semelhante, o grão de pólen pode formar um tubo. Esse tubo cresce por dentro da estrutura feminina até alcançar o ovário e, em seguida, penetrar um óvulo. Nesse encontro, as células reprodutivas masculina e feminina se fundem, formando uma semente. A semente estará protegida pelo ovário, que cresce e se transforma em fruto.

É da semente que se origina o embrião, que, em condições adequadas do ambiente, pode dar origem a uma nova planta.

O processo em que um embrião dá origem a uma nova planta recebe o nome de germinação. Ao encontrar um meio favorável, a semente germina, normalmente após absorver água. Como a casca que envolve a semente não consegue acompanhar o aumento da parte interna, ela se rompe. Assim, o embrião, que começa a crescer, se torna visível. A primeira parte da nova planta, que surge do interior da semente, é uma pequena raiz denominada radícula. Do lado oposto desenvolve-se um caule, também pequeno, chamado caulículo.

Após a união das células reprodutivas, o ovário da flor começa a se desenvolver em fruto. Um fruto pode abrigar muitas sementes, como no caso da romã.

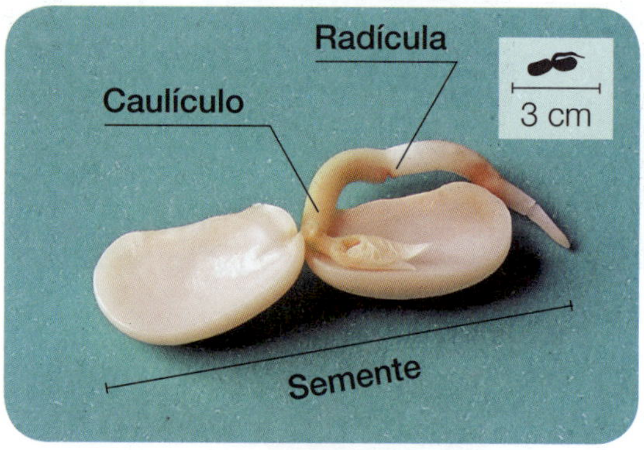

No início da germinação, o embrião utiliza os nutrientes que estão reservados na própria semente. Depois, a planta passa a retirar os nutrientes do meio em que vive.

Semente de feijão com as estruturas da nova planta.

Você sabia?

Os grãos de pólen de diferentes tipos de plantas têm aspectos diversos.

Na foto ao lado, você vê grãos de pólen de girassol. Eles apresentam estruturas semelhantes a espinhos, que os ajudam a ficar presos nas cerdas de animais, como abelhas e borboletas, favorecendo o seu transporte e, consequentemente, a polinização de uma flor.

Imagem de um grão de pólen ampliada por meio de um microscópio.

Um passo a mais...

Identificar e ordenar

1. O esquema ao lado é de uma flor hermafrodita. Mas uma estrutura não foi representada.
   - Complete-o desenhando o que falta. Depois, indique e escreva no esquema os nomes das partes da flor.

2. Ordene os quadros de acordo com as etapas de formação de uma semente, desde o momento em que um grão de pólen cai sobre o estigma de uma flor até o surgimento das primeiras estruturas de uma nova planta.

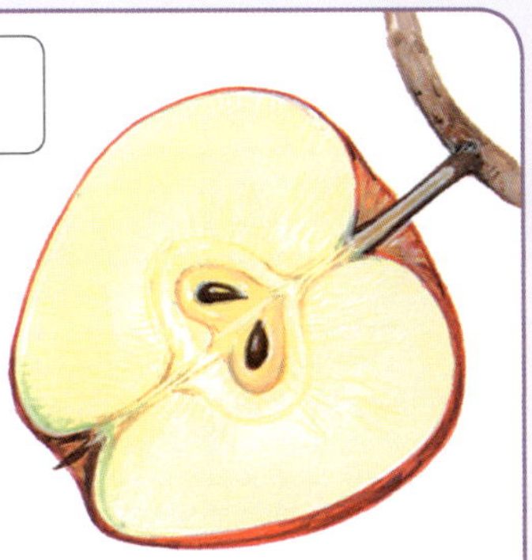

O ovário cresce e se transforma em fruto.

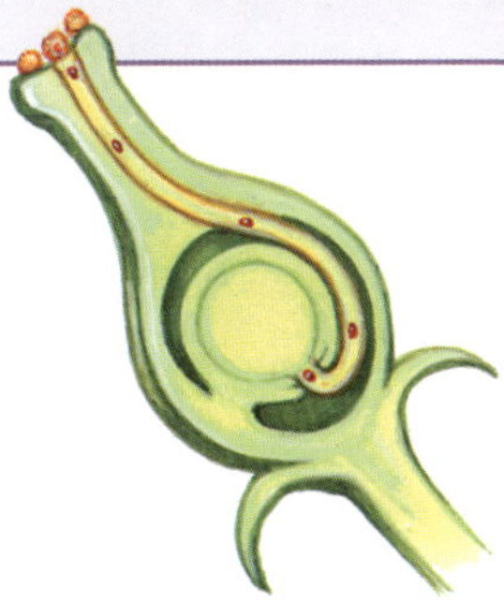

Forma-se um tubo – o tubo polínico –, que cresce por dentro da estrutura feminina e penetra a parede do ovário.

A semente, protegida pelo fruto, contém o embrião.

Após o encontro do tubo polínico com o óvulo, as células masculina e feminina se fundem e forma-se uma semente.

Grãos de pólen caem sobre o estigma de uma flor da mesma espécie.

No solo, embrião começa a se desenvolver, formando as primeiras estruturas de uma nova planta: a radícula, o caulículo e as primeiras folhas.

14. Outras formas de reprodução de plantas

Plantas que não produzem flores

Existem plantas, como a samambaia representada na foto ao lado, que nunca produzem flores.

É muito provável que você já tenha visto, na face inferior das folhas de samambaia ou de avenca, estruturas como as representadas abaixo. Essas estruturas recebem o nome de soros (lê-se "sóros").

1. Face superior de folhas de samambaia.

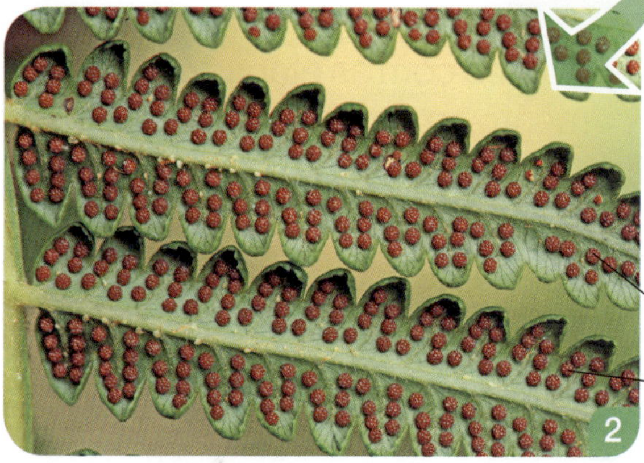

2. Soros na face inferior de uma folha de samambaia. Essas estruturas podem ter entre 2 e 4 milímetros.

Observar e fazer suposições

1. Observe novamente a foto. Você tem ideia do que são esses soros? Que função eles devem ter?

Dentro de um soro existem estruturas microscópicas chamadas esporos. Quando amadurecem, os esporos são levados pelo vento. Se um esporo cair em solo úmido, ele pode germinar e dar origem a uma estrutura verde, semelhante a uma folha, de cerca de 1 centímetro de largura e com formato de coração. Ela é chamada de protalo.

Na face inferior dessa "folha" desenvolvem-se estruturas reprodutoras, tanto masculinas como femininas. Caso essas estruturas consigam se fundir, forma-se um embrião. Esse embrião vai se tornar uma plantinha, isto é, uma nova samambaia.

O protalo é uma lâmina verde que apresenta pequenas raízes que o fixam no solo e dali retiram água e sais minerais. A foto foi ampliada cerca de cinco vezes em relação ao tamanho real.

Reprodução por meio de mudas

Nem sempre as plantas se reproduzem por meio da fusão de estruturas reprodutoras masculinas e femininas. Muitas delas se originam de pedaços destacados do corpo da própria planta.

2. Você já observou o desenvolvimento de alguma planta que tenha se originado dessa maneira? Conte aos colegas como foi esse processo.

A sequência de fotos a seguir representa etapas do desenvolvimento da planta conhecida como folha-da-fortuna, a partir de uma folha destacada.

Etapas do desenvolvimento da folha-da-fortuna

1 Folha-da-fortuna.

2 Surgimento de pequenas raízes.

3 Desenvolvimento de novas plantinhas, também chamadas de mudas.

4 Planta cultivada no solo, após algum tempo.

3. De onde você acha que vieram a água e os nutrientes necessários para o início do desenvolvimento das mudas de folha-da-fortuna?

____

____

O caule é a parte da planta de onde se obtêm mudas com maior facilidade. No caso de algumas plantas, fincar partes de seu caule no solo úmido é suficiente para que, algum tempo depois, surjam novos indivíduos.

As fotos a seguir mostram exemplos de plantas que podem dar origem a novos indivíduos a partir de pedaços de seus caules.

Morangueiro.

Cebola.

Batata.

Observar e representar

4. Para observar melhor o processo de desenvolvimento de plantas por meio de mudas, faça o seguinte procedimento:
   - apoie uma cebola na boca de um frasco, deixando as raízes em contato com um solo adubado ou com água. Faça o mesmo com alguns dentes de alho.
   - Com a orientação do professor, acompanhe o desenvolvimento das mudas, ao menos até o surgimento das folhas. Faça registros por meio de textos e desenhos. Anote a data em cada registro.
   - No fim do período predeterminado pelo professor, organize com os colegas um cartaz coletivo com os registros feitos pela turma. Pendurem o cartaz no “Canto de Ciências”.

Você sabia?

Um ingrediente bem mineiro

O ora-pro-nóbis é uma planta da família dos cactos que contém alto teor de proteína. Suas folhas são muito usadas como ingredientes de receitas de carnes, bolos, pães, servidos nas mesas dos municípios de Minas Gerais. Suas flores são usadas para fazer saladas. O ora-pro-nóbis apresenta uma característica particular: a casca do seu fruto pode produzir raízes que dão origem a novas plantas.

Um passo a mais...

Aplicar e identificar

1. Observe a sequência de imagens das etapas do desenvolvimento da violeta-africana. Depois escreva, nas linhas abaixo das imagens, legendas que identifiquem cada uma das etapas representadas.

1

2

3

4

5

15 cm

2. De qual parte do corpo da violeta-africana originou-se uma nova planta?

3. Como se chama essa forma de reprodução?

15. A reprodução dos animais

A fecundação

Os animais, assim como muitas plantas, têm no corpo órgãos que produzem as células de reprodução. Nos machos, essas estruturas microscópicas são os espermatozoides e, nas fêmeas, os óvulos. Ao se encontrarem, essas células se fundem em um processo chamado fecundação, que pode ocorrer dentro ou fora do corpo da fêmea. É a partir da fecundação que se forma um embrião, que é a origem de um novo ser.

Vamos ver alguns exemplos de diferentes formas de reprodução.

As fêmeas da maioria dos peixes liberam numerosos óvulos na água. Nesse ambiente, os óvulos podem ser fecundados pelos espermatozoides dos machos, que também são liberados na água, dando origem a ovos. Após determinado tempo, os filhotes, chamados alevinos, saem dos ovos e desenvolvem-se na água até tornarem-se peixes adultos.

Em alguns peixes, como o tubarão-branco, a liberação dos espermatozoides e a fecundação dos óvulos pode ocorrer dentro do corpo da fêmea. Algum tempo depois, os filhotes nascem já semelhantes aos pais.

Fazer suposições e justificar

1. **Peixes que apresentam fecundação e desenvolvimento dos filhotes no interior do corpo da fêmea têm menos filhotes do que os peixes que põem ovos. No entanto, seus filhotes têm uma chance maior de sobrevivência.**

a) Por que será que a chance de sobrevivência dos filhotes que se desenvolvem dentro do corpo da mãe é maior? Justifiquem.

____

____

____

b) Leiam para as outras duplas o que vocês escreveram sobre o assunto.

Em anfíbios, como sapos, rãs e pererecas, a fecundação ocorre fora do corpo da fêmea. Para acasalar, o macho abraça a fêmea enquanto ela libera um material gelatinoso, com óvulos. Sobre esse material os machos liberam um líquido, chamado esperma, contendo os espermatozoides que fecundarão os óvulos.

Representação de um casal de sapos durante a liberação de células reprodutoras na água. O tamanho dos animais e das células está fora de proporção e foram usadas cores-fantasia.

A fecundação nos répteis, nas aves e nos mamíferos ocorre dentro do corpo das fêmeas, ou seja, os machos têm órgãos que depositam os espermatozoides no interior do corpo da fêmea. O mesmo acontece com os animais do grupo dos insetos. Desse grupo fazem parte animais como: moscas e mosquitos, abelhas, formigas, joaninhas, pulgas, libélulas, besouros, grilos, borboletas e mariposas.

A imagem abaixo mostra libélulas durante o acasalamento, isto é, a união do macho com a fêmea para que ocorra a reprodução. Você pode ver na imagem que os dois curvam o corpo para que a fêmea possa receber o esperma do macho.

Acasalamento de libélulas, Parque Estadual da Pedra Azul, Espírito Santo.

Animais hermafroditas

Assim como ocorre em algumas plantas, existem animais que são denominados hermafroditas. Nesses seres vivos, o mesmo indivíduo produz células reprodutivas masculinas e femininas.

A minhoca é um exemplo de animal hermafrodita. Observe na foto ao lado que, para acasalar, as minhocas ficam em posição invertida e com os corpos colados um ao outro.

Enquanto os corpos ficam colados, uma minhoca transfere para o corpo da outra o esperma, que contém os espermatozoides.

A fecundação, isto é, a união dos espermatozoides com os óvulos, ocorre dentro de um casulo que se forma em torno do corpo de cada minhoca.

Os óvulos fecundados darão origem a ovinhos, que se desenvolverão dentro de casulos. Em determinado momento, esses casulos se soltam do corpo da minhoca e são deixados no solo.

A sequência de imagens a seguir mostra as etapas descritas acima.

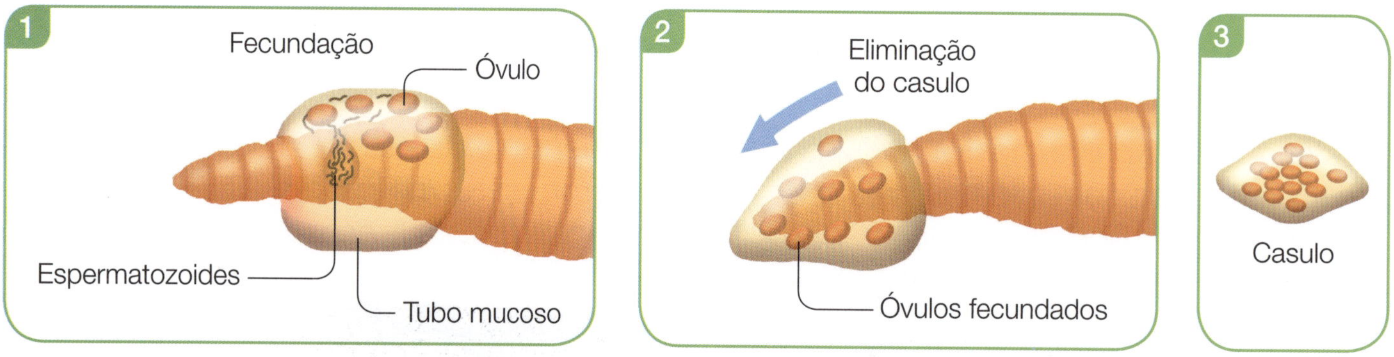

Quando atingirem a fase jovem, as minhocas vão sair dos casulos para viver no solo.

2. Você já tinha visto um casulo como esse no solo? O que você achou que fosse isso?

3. Há um ditado que diz que uma minhoca que nasce em janeiro será bisavó em dezembro do mesmo ano.

- Que característica da reprodução desse animal está relacionada a essa afirmação?

Você sabia?

Nem sempre os animais se originam de uma fecundação

Existem animais que utilizam, além da fecundação, outra forma de reprodução que é independente de estruturas ou células sexuais. Veja abaixo exemplos desses animais.

Hidra verde com broto.

Esponjas.

As fotos não estão na dimensão real: a imagem da hidra foi ampliada cerca de 10 vezes; a imagem das esponjas foi reduzida aproximadamente 20 vezes.

A hidra que você vê na foto vive em ambiente de água doce, presa a plantas, pedaços de rocha, madeira ou até ao corpo de outros animais. Além de se reproduzir por meio de células sexuais, esse ser vivo se reproduz frequentemente por meio da formação de brotos que se desenvolvem ligados ao corpo da hidra-mãe. Em determinado momento, o broto se destaca e passa a viver como um indivíduo independente.

Assim como as hidras, as esponjas também apresentam as duas formas de reprodução.

Um passo a mais...

Interpretar e relacionar

1. Leia o texto a seguir.

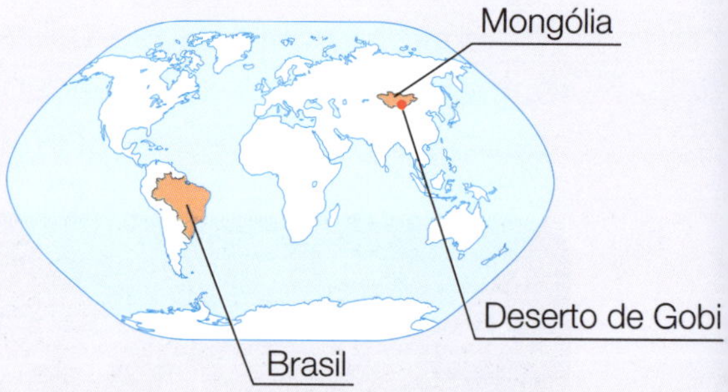

Ovos de dinossauros no deserto

[...] Vamos acompanhar a expedição organizada há cerca de oitenta anos por Roy Chapmam Andrews, um importante pesquisador americano, apaixonado por seu trabalho e responsável por descobertas extraordinárias a respeito dos dinossauros.

A expedição teve início em 1922, época em que a Paleontologia estava engatinhando, e sabia-se pouco sobre o passado de milhões de anos.

O projeto da expedição começou quando, em uma decisão incomum na época, Roy resolveu realizar pesquisas no deserto de Gobi, situado na região central da Mongólia. [...]

[...] A equipe de Roy acreditava que a chance de serem encontrados fósseis no deserto era muito grande [...]. Assim, eles resolveram verificar de perto o acerto ou erro de suas hipóteses.

[...] Foi durante esse período que se fez uma das descobertas mais incríveis da Paleontologia: eles encontraram os primeiros ovos de dinossauros. Observe que, nessa época, os cientistas nem sabiam como era a reprodução dos dinossauros. Eles supunham que o embrião se desenvolvesse no interior de ovos, como ocorre com todos os répteis atuais, mas não tinham como provar essa hipótese. Imagine a emoção de participar desse achado fantástico. Havia ali ovos depositados há milhões de anos [...], até serem descobertos e revelados ao mundo pelos pesquisadores. Nessa etapa da expedição foram encontrados 25 ovos, sendo que um bloco de arenito vermelho continha treze deles arrumados em duas camadas circulares, com as extremidades voltadas para o centro. [...]

[...] Nos anos seguintes, outras expedições visitaram o deserto de Gobi, e muitos outros ovos, de vários tipos e formas, foram descobertos. Por isso, os paleontólogos acreditam que ali era o local da nidificação, ou seja, de fazer ninhos, de muitos grupos de dinossauros. Imagina-se que a fêmea cavava um buraco fundo e nele depositava os ovos. Em seguida ela cobria os ovos com areia, e o Sol fazia o trabalho de chocá-los, como acontece ainda hoje com os ovos das tartarugas. [...]

Íris Stern. *Sobrevivendo à grande extinção – Dinossauros*. São Paulo: Saraiva, 2002.

2. Com base nas informações do texto e no que você estudou sobre a reprodução nos animais, responda.

a) O pesquisador Roy Chapmam Andrews era um especialista de qual área da Ciência?

b) Qual era a hipótese da equipe de Roy, em relação ao local que seria visitado? Que local era esse?

c) Segundo o texto, a expedição realizou uma das descobertas mais incríveis da Paleontologia. Que descoberta foi essa?

d) Nessa época, os cientistas supunham que os embriões dos dinossauros se desenvolvessem no interior de ovos, como acontece com os répteis que vivem hoje. Suponha que os óvulos se formassem dentro do corpo das fêmeas, como nos répteis atuais. O que seria preciso acontecer para que os óvulos fossem fecundados?

e) Atualmente, em que grupos de animais o processo de reprodução acontece de maneira semelhante à dos répteis?

f) Qual foi a semelhança que os paleontólogos encontraram entre os dinossauros e as tartarugas atuais? O que os levou a essa conclusão?

16. Do bebê à fase adulta

Fases da vida humana

Durante seu desenvolvimento, o ser humano passa por algumas fases de vida. A seguir estão representados 3 momentos da infância.

Bebês com cerca de nove meses de idade.

Crianças com aproximadamente dois anos.

Crianças por volta dos sete anos.

A infância é o período que vai dos primeiros dias de vida à adolescência. Nessa fase, o corpo da criança se desenvolve bastante, assim como a sua capacidade de realizar atividades e de conviver com as outras pessoas.

Depois da infância, as fases seguintes da vida humana são: a adolescência, a vida adulta e a velhice. É importante considerar que não há uma idade fixa para demarcar a passagem de uma fase para outra.

Meninas e meninos na fase em que se inicia a adolescência: a puberdade.

A fase adulta inicia-se ao final da adolescência, quando não há mais crescimento do corpo. É nessa etapa da vida que as pessoas estão preparadas para ter filhos.

Por volta dos 65 anos ou mais, os adultos entram em outra fase: a velhice. Nessa fase as pessoas já adquiriram muitos conhecimentos, acumulados ao longo da vida.

Fazer suposições e avaliar

1. Em que fase da vida você e seus colegas estão? Justifique sua resposta.

A puberdade

A fase inicial da adolescência é chamada puberdade. Nessa fase, meninas e meninos passam por transformações significativas, tanto físicas quanto comportamentais.

Será que essas mudanças ocorrem do mesmo modo para meninas e para meninos? Ou será que há mudanças próprias de cada sexo? Vamos descobrir?

Entreviste

Organizem-se em pequenos grupos e entrevistem um menino e uma menina que tenham entre 9 e 12 anos. Podem ser parentes ou colegas de escola ou do bairro.

Antes de iniciar as entrevistas, reúnam-se com os outros grupos da classe para fazer a leitura das perguntas propostas na ficha abaixo. Se julgarem necessário, alterem ou acrescentem perguntas à entrevista.

- Copiem e preencham a ficha.

Ficha para entrevista

Nome: Idade: Sexo:

- Quais destas atividades você realiza no dia a dia: brincar com ou sem brinquedo, dançar e ouvir música, assistir à TV, ler livros e revistas, praticar esportes? Onde elas são realizadas?
- Você faz algum outro tipo de atividade? Qual? Onde?
- Como você realiza essas atividades: sozinho ou em grupo? Apenas com os colegas ou com pessoas com quem mora?
- A maneira como você se veste hoje é igual à forma como você se vestia quando era bebê? Qual é a diferença?
- No último ano, o que mudou em relação:
  - ✓ às características do corpo?
  - ✓ aos hábitos do dia a dia?
  - ✓ aos interesses?
  - ✓ à sua forma de agir com outros meninos e meninas?
- E em seus colegas da escola, o que parece ter mudado mais?

Comparar e concluir

2. Após terminar as entrevistas, reúnam-se novamente com os outros grupos da classe. Leiam para eles as respostas dadas pelos seus entrevistados e escutem as respostas que os grupos anotaram.

3. Vocês notaram diferenças entre as respostas dadas por meninos e meninas? Quais?

____

____

____

4. Com base nas respostas obtidas, vocês diriam que os entrevistados já estão na puberdade? Por quê?

____

____

____

Os primeiros sinais da puberdade não aparecem exatamente na mesma idade em todos os meninos e meninas. As mudanças não acontecem do mesmo jeito nem na mesma velocidade.

Nas meninas as mudanças acontecem por volta dos 10 a 12 anos; nos meninos, entre 11 e 13 anos.

5. Você consegue imaginar as idades das meninas e dos meninos mostrados nas fotos? Quais são?

____

____

____

____

Grupo de adolescentes.

As transformações que ocorrem no corpo durante a puberdade são causadas pelo aumento da produção de substâncias chamadas hormônios sexuais.

O aumento na produção de hormônios sexuais estimula:

Nas meninas	Nos meninos
O crescimento de pelos na região pubiana* e nas axilas*.	O crescimento de pelos na região pubiana, nos braços, nas pernas, no tórax, nas axilas e no rosto.
Acúmulo de gordura nos quadris.	Alterações na voz.
O crescimento das mamas.	O desenvolvimento do escroto e do pênis.
Aumento da estatura e da massa muscular.	Aumento da estatura e da massa muscular.
Mudanças de comportamento.	Mudanças de comportamento.

Meninos e meninas apresentam crescimento muito rápido na puberdade. Nesse período, as meninas chegam a crescer de 8 a 10 centímetros por ano, e os meninos, de 10 a 12 centímetros.

Esse período de crescimento acelerado é chamado "estirão".

Na puberdade, o aumento da produção de hormônios sexuais também estimula maior oleosidade da pele, colaborando para o aparecimento de espinhas e cravos. Além disso, o odor do suor fica mais forte e a sua eliminação, mais intensa. Por isso, tomar banho, usar desodorante e trocar as roupas suadas, sempre que necessário, são hábitos diários muito importantes.

Um passo a mais...

Interpretar e representar

1. Leia o texto a seguir e depois responda à atividade.

[...]

— Olha aqui as marcas, Danico!

— Juro que não mudei nada! Você cresceu um pouco sim!

Na lateral do beliche, a menina apontava os sinais que eles faziam com a esferográfica para registrar seu crescimento.

No início, eram da mesma altura, mas, recentemente, [...] a curva de Milena saltara vários centímetros em poucos meses. A de Danico aumentara um tantinho só.

— Estou crescendo mais depressa, o que eu posso fazer? — choramingou Milena, quase pedindo desculpas.

A ideia de que o irmão pudesse ficar anão, enquanto ela virava uma dessas pirulonas de capas de revista, apavorava-a tanto quanto a ele [...].

Isabel Vieira. *Danico Pé-de-Vento*. São Paulo: Moderna, 2002.

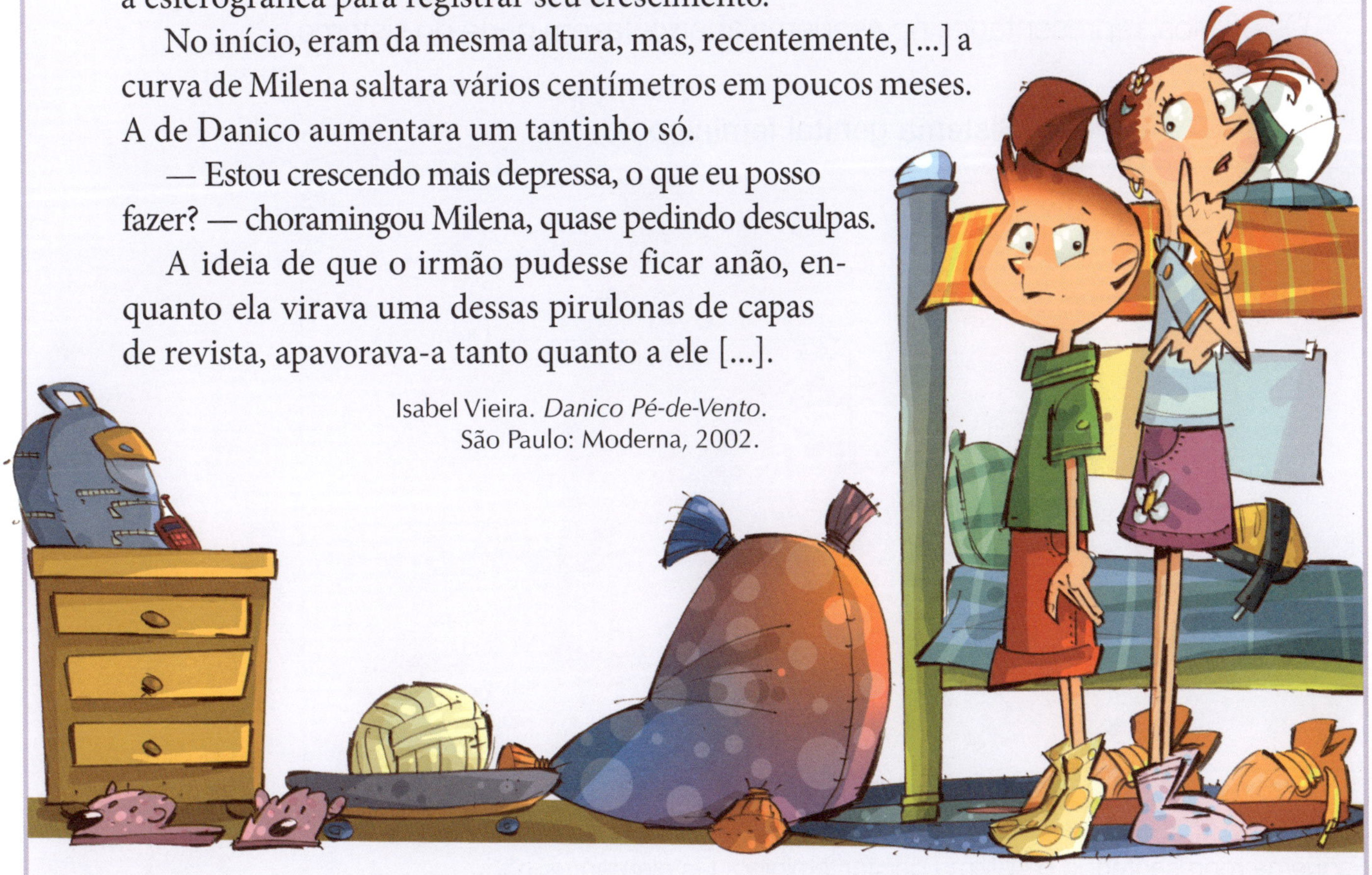

a) Danico e Milena estão na fase inicial da adolescência: a puberdade. Anote informações do texto que levam a essa conclusão.

____

____

b) Liste três outras mudanças físicas marcantes que ocorrem nessa etapa da vida para as meninas e para os meninos.

____

____

17. Os sistemas genitais

O sistema genital feminino

Nas mulheres, tanto os hormônios sexuais como as células reprodutoras são produzidos nos ovários. Essas células são microscópicas, assim como as dos demais animais e das plantas.

Os ovários, representados no esquema abaixo, fazem parte do sistema genital feminino.

Sistema genital feminino

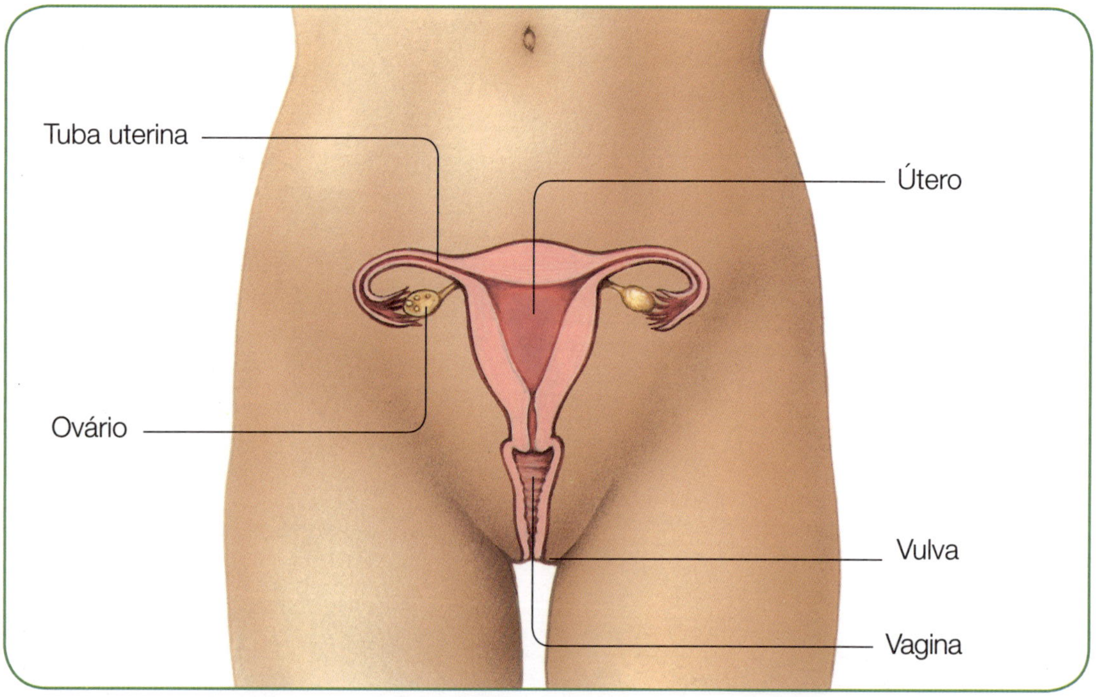

Esquema representando o sistema genital feminino. Os elementos não foram representados na dimensão real. Foram utilizadas cores-fantasia. O útero, a tuba uterina e a vagina estão representados em corte.

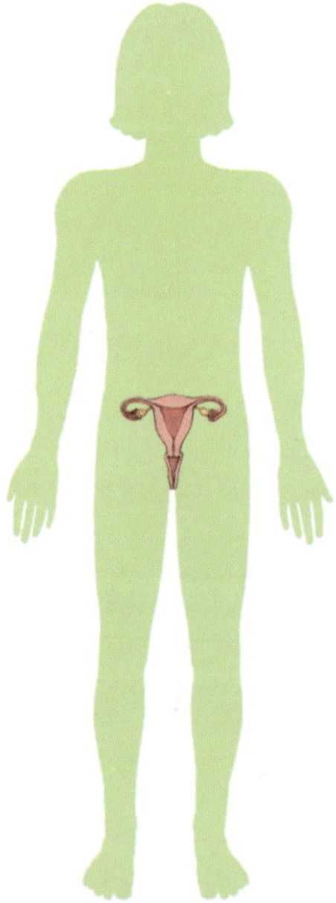

Localização do sistema genital feminino

Além dos ovários, é possível observar na imagem outras estruturas que fazem parte do sistema genital feminino: o útero, as tubas uterinas, a vagina e a vulva.

Por volta dos 12 anos de idade, a maioria das meninas começa a menstruar.

1. Você sabe por que ocorre a menstruação? Converse com os colegas sobre isso.

Em algumas meninas a primeira menstruação, também conhecida como menarca, demora mais para acontecer. A menstruação é um sangramento que ocorre nas mulheres, que dura de três a sete dias e faz parte de um ciclo com duração de 21 a 30 dias.

Antes da menstruação, a parede interna do útero fica mais espessa e muito irrigada por vasos sanguíneos. Isso acontece porque, mensalmente, o útero se prepara para o desenvolvimento de um bebê. Assim, a menina que começa a menstruar pode reproduzir, isto é, pode vir a ser mãe.

De maneira geral, a cada ciclo menstrual um dos ovários libera um ovócito, como o que você vê na foto ao lado. Durante a gravidez não ocorre liberação do ovócito.

O ovócito liberado pelo ovário é deslocado pela tuba uterina até alcançar o útero. Se não ocorrer fecundação, o revestimento interno do útero começa a se desprender e, junto com o ovócito, é eliminado pela vagina. É esse fluxo de materiais que recebe o nome de menstruação.

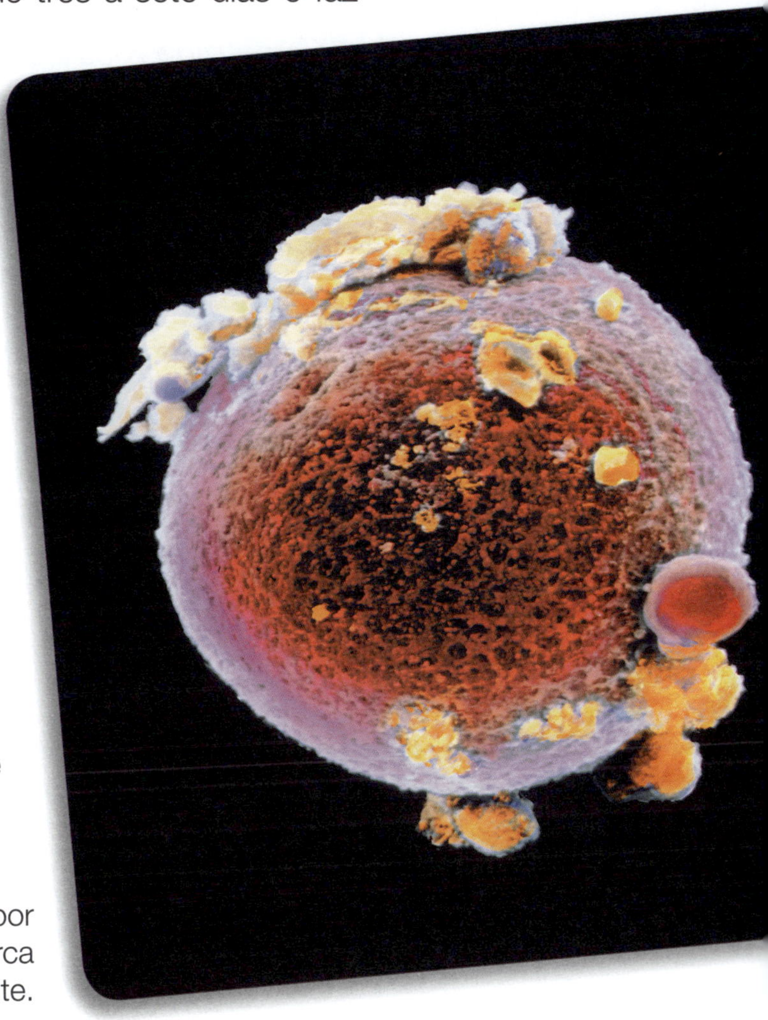

Imagem de ovócito obtida por microscópio eletrônico, ampliada cerca de 550 vezes e colorizada artificialmente.

Você sabia?

Cuidar do corpo

A higiene dos órgãos genitais externos merece um cuidado especial. Lavar essa região do corpo com bastante cuidado e limpar-se adequadamente, após eliminar urina ou fezes, são cuidados que as meninas devem ter, diariamente. Durante o período de menstruação é importante trocar o absorvente várias vezes ao dia e tomar banho, como sempre, da cabeça aos pés. No entanto, o uso de produtos de higiene desconhecidos ou perfumados só pode ser feito sob orientação médica; eles podem provocar coceiras, causadas por alergias*, ou até mesmo o aparecimento de pequenos ferimentos na pele.

Além da higiene do corpo, cuidar da alimentação e praticar exercícios físicos são hábitos que contribuem para que as mudanças dessa fase da vida ocorram de maneira saudável.

O sistema genital masculino

Nos homens, os hormônios masculinos e as células reprodutoras, os espermatozoides, são produzidos nos testículos. Os espermatozoides são microscópicos, ainda menores que os ovocítos.

Os testículos fazem parte do sistema genital masculino. Observe no esquema abaixo a posição dos testículos e de outros órgãos desse sistema e a relação entre eles.

Sistema genital masculino

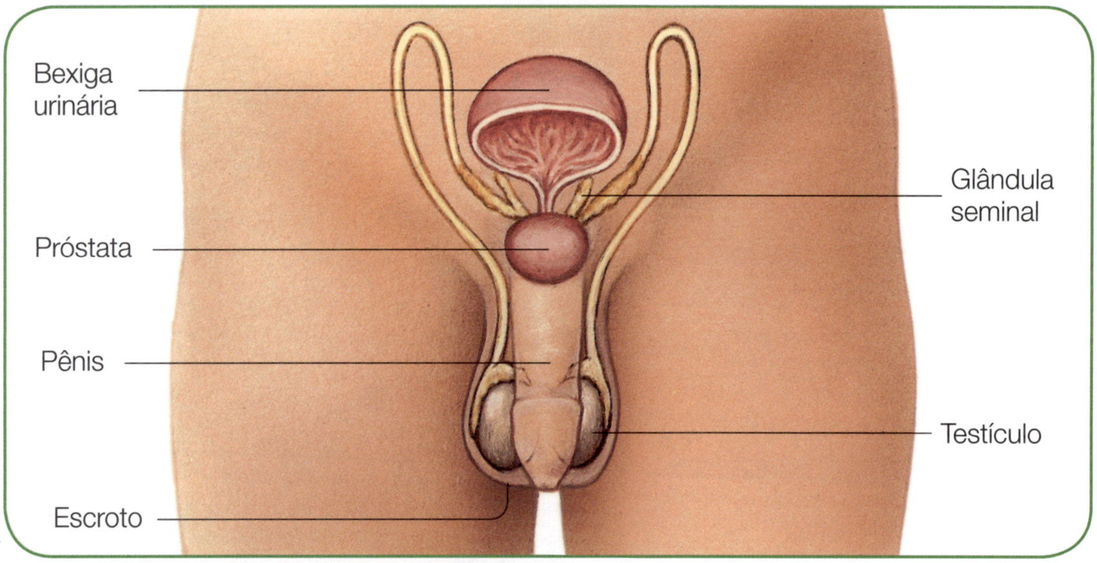

Esquema representando o sistema genital masculino. A bexiga urinária, órgão em que a urina fica armazenada, foi incluída no esquema apenas como referência de localização dos órgãos. Esse órgão está representado em corte. Elementos fora de proporção e em cores-fantasia.

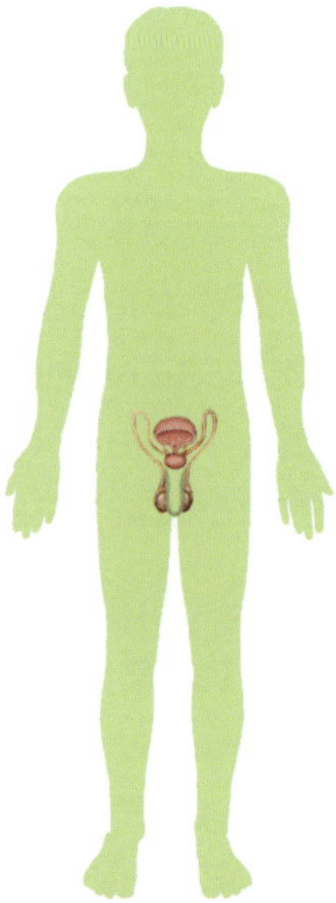

Localização do sistema genital masculino.

Na puberdade ocorrem as primeiras ejaculações, isto é, a eliminação pelo pênis de um líquido viscoso, chamado esperma ou sêmen. Esse líquido que forma o sêmen é produzido nas glândulas seminais e na próstata. O sêmem contém muitos espermatozoides.

Observe uma dessas células na imagem a seguir.

Espermatozoide visto em microscópio eletrônico. Imagem ampliada em aproximadamente 3 000 vezes e colorizada artificialmente. Em uma gota de esperma há milhões de espermatozoides.

Na fase adulta, quando um homem e uma mulher têm relações sexuais, pode haver a união de um ovócito com um espermatozoide e a formação de um bebê.

Durante a relação sexual, o homem introduz o pênis na vagina da mulher e libera esperma. Alguns dos espermatozoides contidos no esperma conseguem se deslocar da vagina até o útero e, depois, às tubas uterinas. Caso um, dentre os muitos espermatozoides, consiga penetrar o ovócito que saiu do ovário da mulher, ocorre a fecundação.

A fecundação acontece, de maneira geral, em uma das tubas uterinas. A célula que se origina dessa união, a célula-ovo, inicia o seu desenvolvimento e é deslocada, aos poucos, para o útero. Lá, o embrião vai se desenvolver até o fim da gestação.

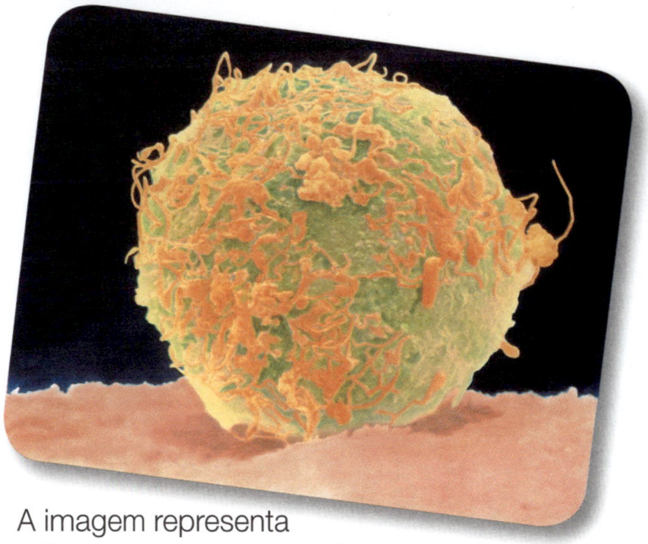

A imagem representa milhares de espermatozoides ao redor de um ovócito. Somente um espermatozoide conseguirá penetrar no ovócito, podendo, assim, acontecer a fecundação. A imagem foi ampliada cerca de 830 vezes e colorizada artificialmente. O espermatozoide é cerca de 50 vezes menor que o ovócito.

Selecionar e representar

2. Em pequenos grupos, conversem a respeito do que aprenderam sobre a puberdade. Façam uma lista coletiva com as informações que vocês ainda gostariam de obter.

3. O professor encaminhará a lista a um profissional da área de saúde e marcará com ele um encontro na escola.

Entreviste

Vocês vão entrevistar o profissional da área de saúde. Copiem e organizem as informações obtidas na entrevista. Utilizem os itens abaixo como modelo.

- Nome do entrevistado:
- Profissão:
- Local em que trabalha:
- Há quanto tempo trabalha com adolescentes?
- Duas informações dadas pelo entrevistado como resposta às questões enviadas pela classe.

- Organizem as informações registradas pela classe em um painel coletivo. Exponham o painel no "Canto de Ciências".

Um passo a mais...

Interpretar e relacionar

1. Leia o texto e responda.

O que está acontecendo?

[...] "Ai, meu Deus, o que é isto?" Azira, 12, estava no banheiro de sua casa quando viu uma mancha de cor escura na calcinha. Colocou um absorvente fininho, e ele ficou sujo também.

"Notei que meu corpo estava mudando quando eu estava com nove anos. O peito começou a doer, e surgiram pelos." [...]

Kátia Calsavara. O que está acontecendo? *Folha de S.Paulo*, 27 abr. 2000. Folhinha.

a) Esse texto se refere a que fase do ciclo de vida do ser humano?

____

b) Que experiência vivida por Azira foi descrita no texto?

____

c) Se ela tivesse 10 anos, em vez de 12, isso também poderia ter acontecido? Por quê?

____

____

d) A situação vivida por Azira ocorre durante quantos dias e com qual frequência no corpo das mulheres?

____

____

e) Três anos antes, Azira já havia notado que alguma coisa diferente estava acontecendo em seu corpo. Grife o trecho do texto que se refere à forma como ela percebeu isso.

f) Na puberdade, os meninos apresentam mudanças físicas semelhante às que Azira citou? Quais?

____

____

2. Leia a tirinha e responda.

a) Cite duas características físicas que indicam que as meninas estão na infância.

____

____

b) Circule na tirinha a fala que pode confirmar essa informação.

3. Preencha as lacunas, com base nas informações contidas na foto a seguir.

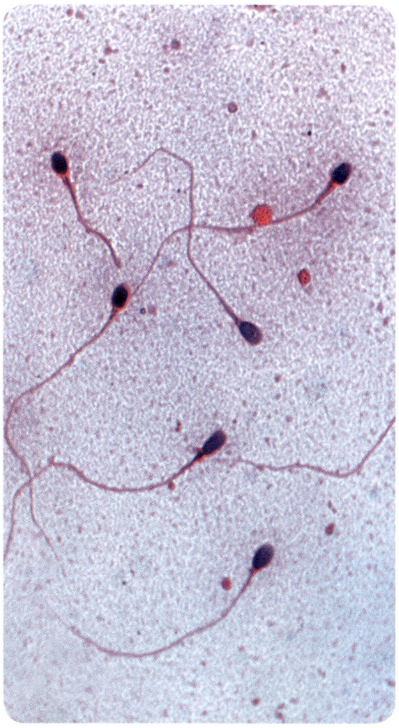

a) Nome das células representadas: ________________

b) Tipo de célula: ________________________

____

c) Local do corpo humano em que essas células são produzidas: ________________________

d) Se uma dessas células conseguir penetrar um ________, poderá ocorrer a ________________ e, consequentemente, a formação de ________________

________________________________.

4. Volte à página 98 e observe novamente a posição das estruturas que compõem o sistema genital masculino. Descreva a posição que essas estruturas ocupam, em relação à bexiga urinária.

18. A gestação

O desenvolvimento de um bebê

O período de desenvolvimento de um bebê, dentro do útero da mãe, recebe o nome de gestação. A duração da gestação humana varia entre 36 e 40 semanas.

- Você tem ideia de quais mudanças acontecem ao corpo de um bebê ao longo da gestação?

Da 1ª à 7ª semana, o bebê recebe o nome de embrião. A foto ao lado mostra um bebê nessa fase. Ele tem 6 semanas de vida.

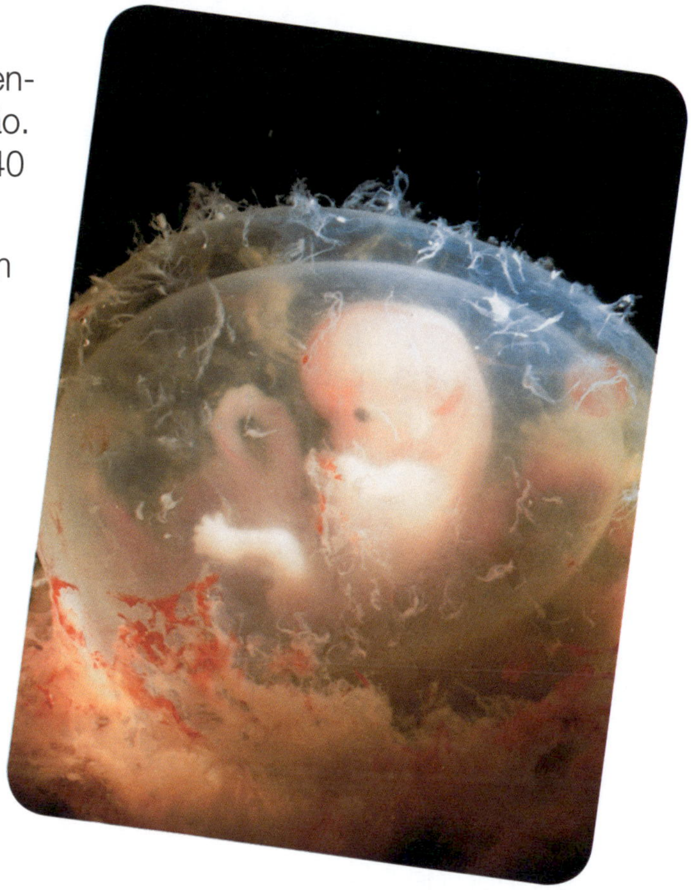

Esse embrião já apresenta alguns órgãos em desenvolvimento: olhos, orelhas, boca, pernas, braços, fígado, coração. Ele tem aproximadamente 15 milímetros de comprimento.

A partir da 8ª semana até o nascimento, o bebê passa a ser chamado de feto.

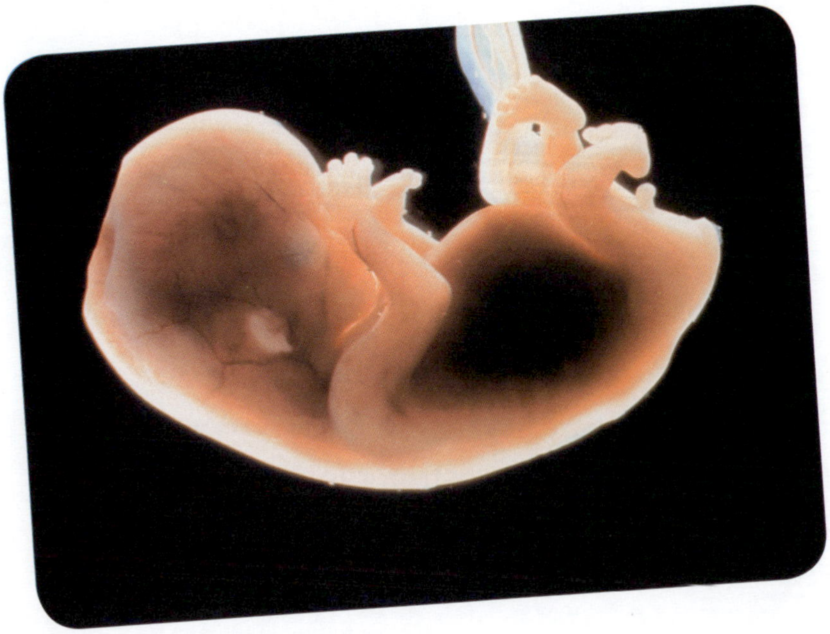

Com 11 semanas, o feto já está com 7 centímetros e tem todos os órgãos internos formados. O sexo do bebê já pode ser identificado.

Em um feto de 17 semanas, como o da foto ao lado, já é possível observar movimentos da boca e piscadas rápidas dos olhos.

Quando o feto tem entre 20 e 23 semanas, seus batimentos cardíacos podem ser ouvidos claramente por meio de equipamentos médicos.

Na foto abaixo é possível observar detalhes do corpo de um bebê nessa fase da gestação.

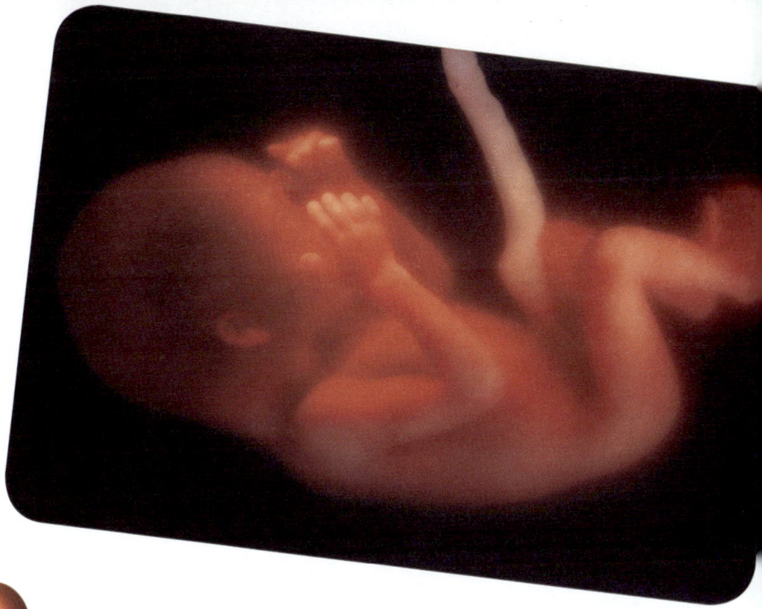

Feto de 17 semanas, com cerca de 15 centímetros de comprimento.

Feto com 20 semanas. Ele tem aproximadamente 19 centímetros de comprimento.

Você sabia?

Observando o bebê

É muito importante sabermos se o feto está se desenvolvendo bem dentro do útero. Um dos exames mais utilizados pelos médicos para acompanhamento da gravidez é a ultrassonografia. Nesse método, um aparelho é movido sobre o abdome da mãe, enviando sons [...] para o interior do útero. O resultado, uma imagem do feto, surge de imediato na tela.

Richard Walker. *Atlas do corpo humano*. São Paulo: Moderna, 1994.

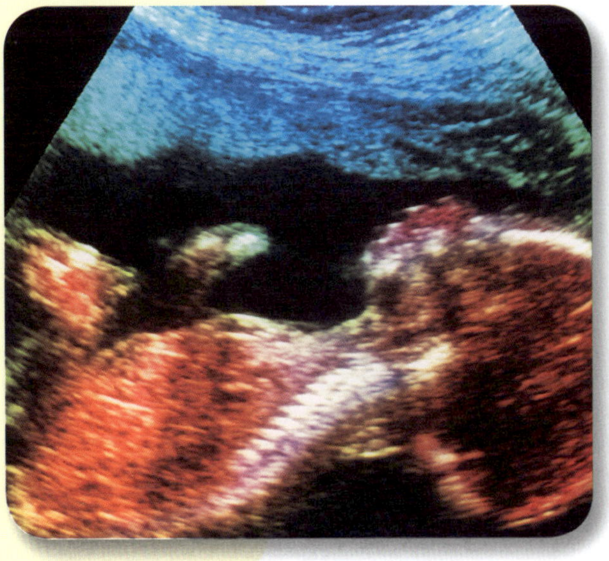

Ultrassonografia colorida de um feto de 5 meses, isto é, cerca de 20 semanas. A imagem foi reduzida cerca de 3 vezes.

Durante toda a gestação o feto fica envolvido por uma bolsa cheia de líquido. Uma das funções desse líquido é proteger contra possíveis impactos que possam ocorrer na barriga da mãe.

Dentro do útero forma-se um órgão que liga o feto à mãe: a placenta.

Dentro da bolsa, o feto troca substâncias com a placenta por meio do cordão umbilical. Pelo cordão, chegam até o feto nutrientes e gás oxigênio vindos do corpo da mãe. É também pelo cordão que o feto transfere para o corpo da mãe o gás carbônico e outros resíduos que produz.

Próximo do nascimento, o feto fica de cabeça para baixo e diminui seus movimentos dentro do útero.

Ao final de cerca de 40 semanas, a bolsa com líquido se rompe, o útero começa a contrair-se e o bebê nasce. O bebê recém-nascido mede cerca de 50 centímetros de comprimento e sua massa fica em torno de 3 quilogramas. O cordão umbilical é cortado e a placenta é expelida depois da saída do bebê.

A foto abaixo mostra um bebê logo após o seu nascimento. Repare que uma parte do cordão umbilical ainda está presa ao seu corpo.

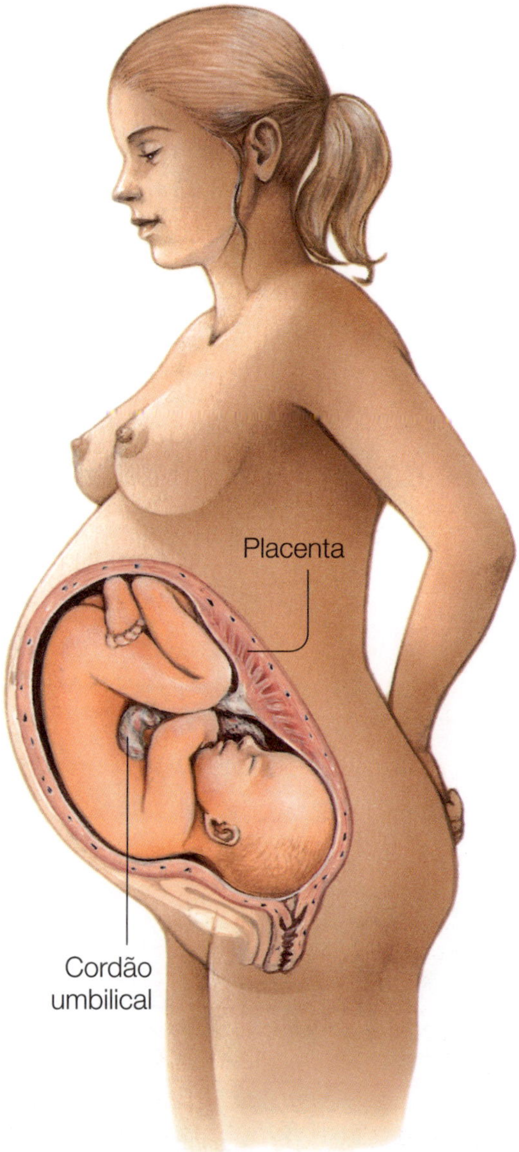

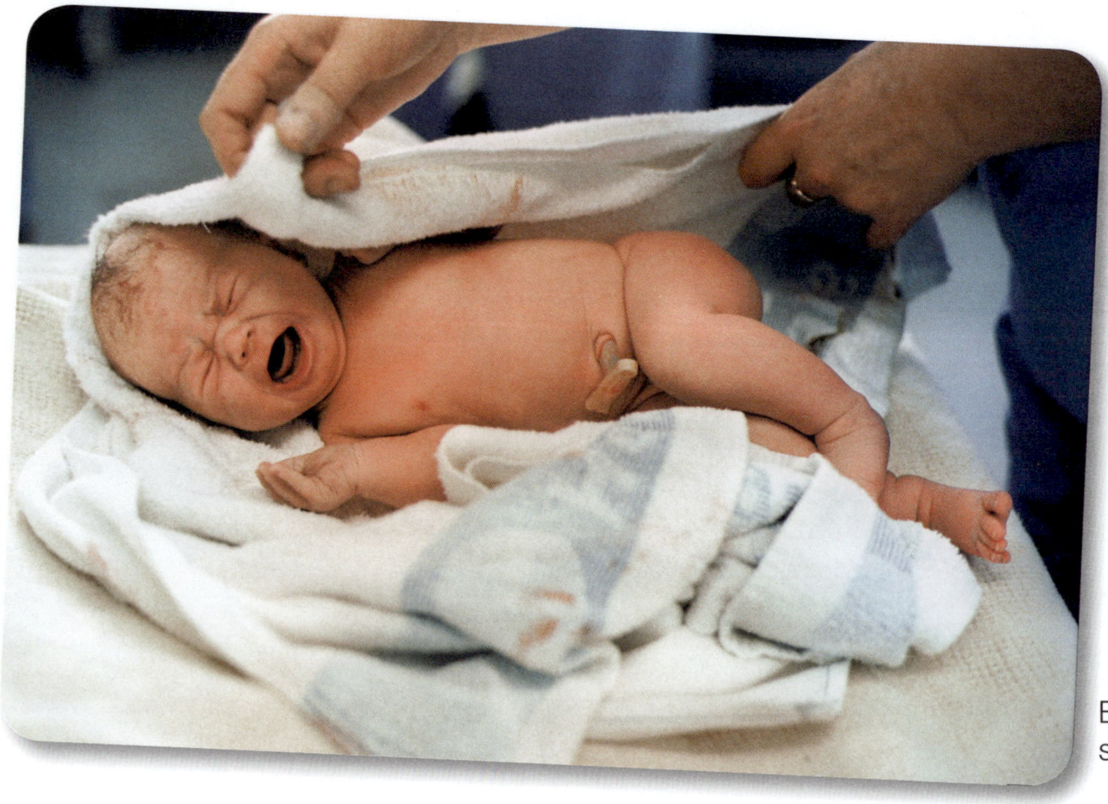

Bebê, logo após o seu nascimento.

Um passo a mais...

Interpretar e relacionar

1. Leia os fragmentos de textos a seguir. Depois, escreva uma continuação para cada um deles com base no que você estudou sobre a gestação no ser humano.

a) [...] Então a mãe tira da bolsa uma foto esquisita.

— O que é isso? — pergunta Renato.

— A foto do bebê que vai nascer — responde ela sorrindo. — Ele já tem dois meses, é um verdadeiro bebê em miniatura.

b) [...] Estamos em abril. Renato, Lilian e sua mãe fazem um lanche no parque.

— Que fome... Como é bom fazer um lanchinho! — diz a mãe. — Acho que este bebê tem um grande apetite.

— Mas ele come?! — perguntam Renato e Lilian espantados.

— Ele não come como a gente, é claro. Ele recebe de mim tudo o que precisa para viver e crescer.

c) [...] Estamos em junho. Agora falta pouco tempo para o nascimento. Todo mundo se prepara para a chegada do bebê.

— Por onde o bebê vai sair? — pergunta Lilian.

— Você se lembra como os gatinhos da tia Eva nasceram?

— Então, é mais ou menos igual — responde a mãe.

Françoise Rastoin-Faugeron. *O nascimento*. São Paulo: Ática, 2006.

Refletindo mais

Organizando conhecimentos sobre a reprodução de plantas e animais

Selecionar e representar

Ao longo desta unidade, você e seus colegas fizeram muitas descobertas sobre formas de reprodução em plantas e animais, incluindo o ser humano.

Agora, vocês vão organizar o que aprenderam em cartazes ilustrados.

- Formem pequenos grupos e copiem numa folha de cartolina o modelo de quadro abaixo.

Como alguns seres vivos se reproduzem

Nome do ser vivo	Grupo a que pertence: planta ou animal	Desenho ou foto do ser vivo	Reprodução com fecundação	Reprodução sem fecundação

- Escolham alguns animais e plantas para investigar como eles se reproduzem.
- Preencham o quadro com informações sobre a reprodução das plantas e dos animais selecionados por vocês.
- Em outra folha de cartolina:
  - ✓ Representem por meio de desenho um processo de reprodução estudado ao longo da unidade; incluam um título com o nome do processo e indiquem no desenho os nomes das estruturas representadas.
  - ✓ Organizem algumas expressões científicas em um pequeno glossário. Observem os exemplos.

Glossário do grupo

Estigma: estrutura, geralmente aveludada e umedecida, que compõe a parte reprodutora feminina de uma flor e recebe os grãos de pólen.

Fecundação: processo que ocorre quando há o encontro de uma célula reprodutora masculina com uma célula reprodutora feminina.

Protalo: pequena estrutura, semelhante a uma lâmina verde, que se origina da germinação de um esporo e dá origem a uma nova samambaia ou avenca, por exemplo.

- Se julgarem necessário, utilizem um dicionário para explicar melhor o significado das expressões que foram incluídas no glossário.
- Pendurem os cartazes no mural do “Canto de Ciências”.
- Reúnam-se com os outros grupos da classe para apresentar seus cartazes. Se sentirem necessidade, refaçam ou alterem alguma informação, com base nas sugestões dadas pelos colegas.
- Organizem o material da classe em um painel coletivo. Exponham o painel em um espaço externo da escola.
- Para concluir esta atividade, convidem alunos de outras classes e funcionários da escola para conhecer o trabalho da turma.

Exposição de trabalhos sobre reprodução de seres vivos.

UNIDADE 4

Retirar, transformar e consumir recursos da natureza

A natureza é uma fonte de recursos utilizada pelos seres humanos para obter os mais diversos materiais e para fornecer a energia que mantém seu modo de vida.

Para que esses recursos não se esgotem e continuem a fazer parte da natureza, é preciso extraí-los, transformá-los e consumi-los de forma consciente.

Primeiros contatos

1. Tente explicar aos colegas o que significa a palavra energia.
2. De onde vem a luz elétrica que ilumina a sua residência? E a sua escola? E a rua onde você mora?
3. Como você avalia o consumo de eletricidade em sua residência: há controle ou desperdício? Justifique sua avaliação com exemplos do dia a dia.
4. Você já deve ter ouvido as pessoas falarem em produtos chamados combustíveis. Você imagina como eles são utilizados? Que materiais dão origem a esses produtos?

19. Tintas feitas à base de plantas

O hábito de pintar o corpo

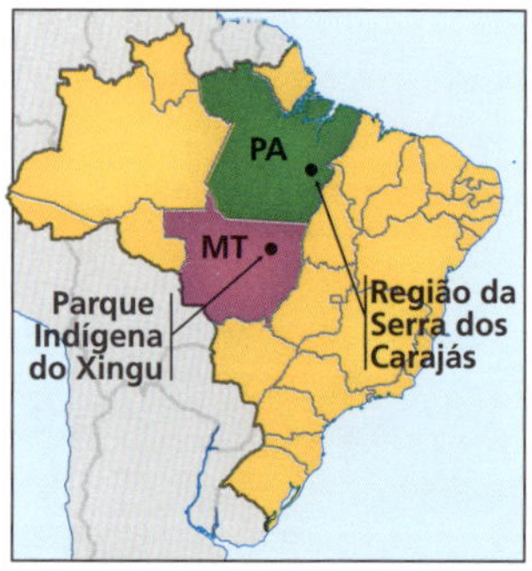

Pintar o corpo, nas mais diversas ocasiões, é uma das diferentes formas de expressão artística da identidade cultural dos povos indígenas brasileiros.

Para o povo Xikrin, por exemplo, essa pintura é uma atividade feminina. A cada 8 dias, mais ou menos, as mulheres se juntam em sessões de pintura coletiva, em que decoram o corpo umas das outras, utilizando as mãos e lascas de taquara, nome dado a plantas de caule oco, como os bambus. Desde criança, as meninas pintam suas bonecas. Aos 10 anos, elas já podem pintar seus irmãos menores. Quando têm seu primeiro filho, gastam horas pintando a pele do bebê, em demonstração de carinho. A pintura feita no bebê é livre, mas para os adultos há padrões mais rígidos, relacionados à idade e à ocasião social.

As fotos a seguir mostram índios em momento de pintura do corpo.

Índios Yawalapiti em momento de pintura coletiva para as comemorações do Kuarup. Parque Indígena do Xingu, Mato Grosso, 2003.

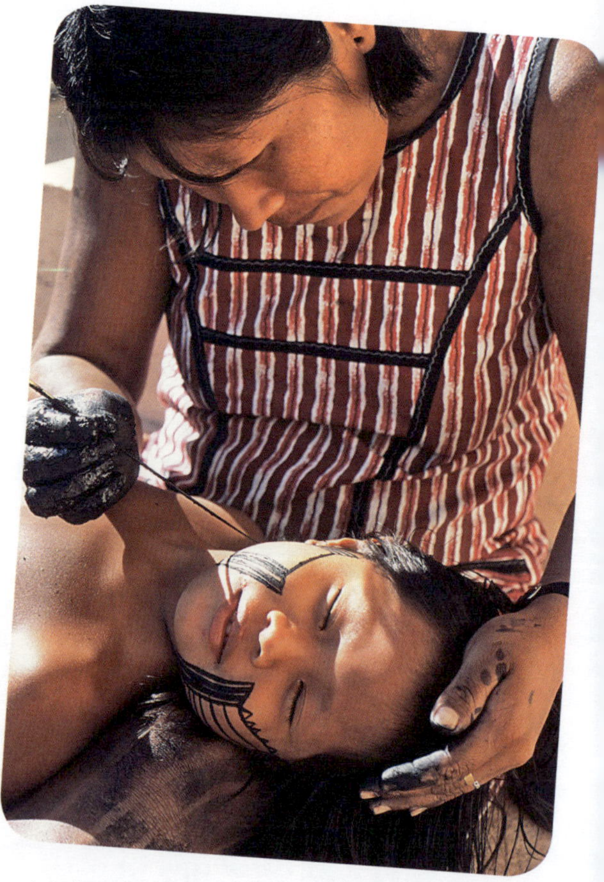

Mulher Kayapó-Xikrin pintando o rosto do filho durante o Fórum Cultural Mundial em São Paulo, 2004.

Alguns componentes da natureza produzem substâncias que dão cor, chamadas pigmentos. As plantas são componentes da natureza que produzem muitos tipos de pigmentos. Para extrair esses pigmentos pode-se amassar, ralar, cozinhar ou deixar de molho folhas, cascas, raízes, flores, frutos e sementes, dependendo da planta e do pigmento de interesse.

Para fazer pinturas no corpo, os povos indígenas utilizam, principalmente, duas plantas: o urucum e o jenipapo.

Veja nas fotos a seguir a árvore e as sementes de urucum.

Árvore de urucum.

Sementes de urucum.

As sementes do urucum são raladas em peneiras finas e fervidas em água para formar uma pasta. Essa pasta é envolvida em folhas e guardada para fazer pinturas corporais de cor vermelha.

Estas fotos mostram a árvore e o fruto de jenipapo.

Para obter uma pasta de cor azul bem forte, são misturados o suco do fruto do jenipapo, água ou saliva e cinzas de carvão.

Atividade prática

Observar o preparo e testar a ação de pigmentos

Além do urucum e do jenipapo, você conhece outras plantas que produzem pigmentos?

Que tal tentar extrair pigmentos de diferentes plantas e observar como eles podem tingir o papel?

Material necessário

- folhas de jornal e etiquetas
- frascos de vidro com tampa e pincéis
- beterraba crua
- sementes de urucum
- folhas e flores de plantas comuns
- folhas de papel em branco
- funis plásticos

Como preparar as tintas

- O professor deixará a beterraba, as sementes, as folhas e as flores imersas, separadamente, em álcool, deixando-as curtir por um ou dois dias. Assim, as tonalidades das tintas ficarão mais intensas.
- Depois, com a ajuda dos funis, vocês o ajudarão a distribuir cada líquido em um frasco, que deverá ser tampado e etiquetado com a data do preparo e o nome do material líquido.

Como utilizar as tintas

- Forrem as carteiras com jornal.
- Com os pincéis pintem folhas de papel com as tintas escolhidas por vocês. Façam também misturas com as tintas e observem os resultados.
- Ponham as folhas pintadas para secar.

- **Registrem os resultados com base nas questões a seguir:**
  a) Qual planta produziu tinta com tonalidades mais fortes? E mais fracas?
  b) Houve alguma planta da qual não foi possível extrair pigmento?
  c) Houve diferença na intensidade de coloração dos desenhos feitos nos papéis? Qual?

20. Tintas que vêm da terra

Os pigmentos do solo

Além de usar as plantas, há séculos os seres humanos também utilizam tintas artesanais, isto é, preparadas manualmente, feitas à base de rochas e minerais ou até mesmo de alguns tipos de solo ou terra.

Alguns povos indígenas, como os Xikrin, utilizam rochas e minerais para fazer tintas artesanais. Para preparar essas tintas, as rochas e os minerais devem ser moídos e misturados com água.

Veja nas fotos uma rocha e dois minerais usados pelos Xikrin no preparo de tintas artesanais.

Rocha calcária: rocha da qual se obtém pigmento de cor branca.

Pirolusita: mineral do qual se obtém pigmento de cor preta.

Limonita: mineral do qual se obtém pigmento de tom vermelho-ocre.

As tintas à base de terra podem ser ricas em argila, de diversas cores, e em areia. Elas podem ser usadas para fazer pinturas corporais ou em utensílios como potes, vasilhas, cestas, máscaras, artefatos para caça e pesca.

A cor branca desse objeto é obtida com tinta à base de argila.

Algumas tintas artesanais podem ser utilizadas na pintura de telas, objetos de decoração e paredes, como mostra a foto abaixo.

Casa pintada com tinta à base de terra no bairro de Nova Viçosa, no município de Viçosa, Minas Gerais, 2007.

A partir de diferentes amostras de terra obtêm-se tintas artesanais com diversas tonalidades de amarelo e vermelho, além de tons goiaba, pêssego e salmão. Observe algumas amostras de terra e tons de tintas nas fotos abaixo.

À tinta feita de terra também podem ser acrescentados pigmentos retirados de plantas, dando origem a novos tons.

Muitos dos conhecimentos populares ganham destaque e, às vezes, dão origem a novas tecnologias quando se unem ao saber científico. Por exemplo, pesquisadores especializados no estudo dos solos desenvolveram uma técnica para aprimorar a tinta feita à base de terra para evitar que a pintura se desprenda da parede e manche tecidos que entrem em contato com ela. A técnica consiste em adicionar à receita um pouco de cola branca, óleo de linhaça e um pó extraído de rochas calcárias. Esse pó, conhecido como cal, ajuda a evitar o mofo e a reduzir a umidade.

Investigue

- Muitos dos produtos que você consome no dia a dia contêm pigmentos obtidos de plantas ou de terra. Converse com adultos e descubra exemplos desses produtos. Depois, anote o nome de alguns deles.

____

____

____

____

Você sabia?

Para fazer tintas artesanais, além de plantas, terra e minerais, partes do corpo de certos animais podem ser utilizadas para obtenção de pigmentos, como conchas de animais aquáticos e ovos e ossos de galinha queimados na brasa. O carmim de cochinilha, por exemplo, é um corante extraído de uma espécie de inseto e é usado na coloração de alimentos, como iogurtes, sucos e bolachas.

Polvo eliminando uma tinta escura. Esse pigmento preto de origem animal é usado para fazer a tinta colocada nas chamadas canetas nanquim.

Um passo a mais...

Interpretar e explicar

1. Leia o texto e responda ao que se pede.

"Cores da Terra" conquista população rural

Mais moradores do interior do Espírito Santo resolveram investir na pintura artesanal para reformar instalações físicas na propriedade.

A técnica de produção artesanal de tinta a partir de terras variadas foi desenvolvida no Departamento de Solos da Universidade Federal de Viçosa [...]. Batizada de "Cores da Terra", a alternativa foi apresentada aos produtores familiares do Espírito Santo [...], em Cachoeiro de Itapemirim e Colatina.

Na comunidade de Alto Caxixe, em Venda Nova do Imigrante, os agricultores familiares Lena e Gilberto Gagno, preocupados em melhorar o visual do galpão destinado à pós-colheita do morango, pintaram o local.

[...] "O galpão é simples, mas a primeira demão já cobriu bem as paredes, mostrando o alto rendimento da tinta que preparamos [...]".

A economista doméstica do Instituto Capixaba de Pesquisa, Assistência Técnica e Extensão Rural (Incaper), Rita Zanúncio, explica as vantagens da tinta produzida a partir das técnicas do projeto "Cores da Terra".

"O solo foi retirado próximo ao local para fazermos a mistura. Além da tinta colorida, fizemos também tinta branca com a batinga*. Somei os custos de produção do material artesanal e o resultado foi de 50% mais barato que a tinta de pior qualidade que encontramos no comércio", destaca Rita.

Galpão pintado com as tintas do projeto Cores da Terra, na comunidade de Alto Caxixe, em Venda Nova do Imigrante, ES.

"O trabalho no galpão da família Gagno despertou a curiosidade de quem passava na rua. Alguns até pegaram a receita para produção da tinta", completa. [...]

[...] Moradores de Colatina, Cachoeiro de Itapemirim, Jerônimo Monteiro e agora Venda Nova do Imigrante já aderiram a essa opção.

Associação Brasileira das Entidades Estaduais de Assistência Técnica e Extensão Rural (Asbraer)
Disponível em: <http://www.asbraer.org.br/portal.cgi?flagweb=tpl_conteudo&id=492> Acesso em: 10 jun. 2009.

a) Em qual estado brasileiro vivem os agricultores que pintaram o galpão de sua propriedade com tinta artesanal? Em qual estado foi desenvolvida a técnica de preparo e aplicação da tinta utilizada por eles?

b) Como você pôde ver nas páginas anteriores, o preparo e o uso de tintas artesanais é um saber popular. Copie o trecho do texto que mostra a participação do saber científico nesse projeto.

c) Segundo a agricultora Lena Gagno e a economista doméstica Rita Zanúncio, "a aplicação desse tipo de tinta trouxe vantagens". Cite quais são essas vantagens e explique por que elas fizeram essa avaliação.

2. **Com a orientação do professor, alunos de uma classe do 5º ano de uma escola fizeram um experimento. Eles puseram pétalas de rosa vermelha e folhas de cenoura, louro e hibisco, separadamente, em alguns vidros etiquetados. Depois, cobriram as pétalas e as folhas com álcool, tamparam o vidro e deixaram a mistura descansando durante uma semana.**

a) No fim desse período, qual foi a mudança observada pelos alunos no álcool utilizado no experimento?

b) Explique o motivo desse resultado.

Tintas para fazer objetos de arte

Por meio da leitura do texto a seguir você conhecerá Frans Krajcberg (pronuncia-se "frans crájiber"), um artista contemporâneo que utiliza tintas feitas à base de terra na pintura de suas obras. Além de explorar e combinar diferentes amostras de terra e outros materiais, extraídos das mais diversas regiões de nosso país, esse artista utiliza suas esculturas como instrumentos de denúncia dos crimes cometidos contra a natureza.

Frans Krajcberg: arte e meio ambiente

As montanhas eram tão belas que pus-me a chorar e dançar ao mesmo tempo.

Frans Krajcberg, em suas andanças pelo sopé do Itabirito.

Frans Krajcberg nasceu em Kozienice, na Polônia, em 12 de abril de 1921, e chegou ao Brasil em 1948. [...]

De 1948 a 1951 Krajcberg não teve muitas chances de mostrar seu talento, pois ainda era pouco conhecido no circuito artístico brasileiro. Indicado por seu amigo Lasar Segall para trabalhar em uma fábrica de papel no interior do Paraná, parte para Monte Alegre e é contratado como engenheiro-desenhista nas Indústrias de Papel Klabin.

Ainda no início da década de 1950, Krajcberg resolve abandonar seu emprego de engenheiro e isolar-se nas matas paranaenses. Solitário e em contato com a natureza, pinta e desenha utilizando cola e pigmentos naturais – tinta extraída da terra, de raízes, de folhas ou de minerais – inspirando-se na vegetação local. [...]

Em 1957 viaja para Paris e [...] em 1964 [...], embora mantenha sua residência e ateliê* na capital francesa, retorna ao Brasil.

Instala-se ao ar livre no sopé do Pico do Itabirito, centro da atividade mineradora de Minas Gerais, onde permanece por cerca de um ano. [...]

Pico do Itabirito, em Itabirito, MG.

Foi lá que ele [...] recolheu os pigmentos naturais que utiliza até hoje para colorir seus trabalhos.

Os pigmentos naturais retirados de minerais vêm sendo empregados desde a pré-história tanto em pinturas quanto em objetos utilitários. [...]

Um aspecto bastante interessante dos pigmentos minerais são as variações de cores. Enquanto as tintas artificiais necessitam de um maior cuidado nas combinações, as naturais propiciam uma grande gama de tonalidades. [...]

Krajcberg deparou-se com as cores dos pigmentos minerais, que são de várias tonalidades de vermelho, cinza, marrom e verde devido à composição química à base de minério de ferro sob a forma de hematita vermelha, hematita marrom e magnetita. [...]

"Todas as minhas cores vêm de Minas e tenho uma grande reserva em Nova Viçosa. São terras que apanho no chão ou pedras que quebro com martelo e as trituro mais ou menos finas de acordo com o que quero produzir."

Roseli Ventrella e Silvia Bortolozzo. *Frans Krajcberg: arte e meio ambiente*. São Paulo: Moderna, 2006.

Obra de Frans Krajcberg com pigmentos retirados dos minerais, sem título.

Frans Krajcberg trabalhando em seu ateliê.

Interpretar e representar

1. Consultem um dicionário e anotem o significado das palavras presentes no texto que vocês desconhecem.

2. No período em que viveu nas matas paranaenses, que recursos naturais Krajcberg usava para pintar e desenhar?

3. Em relação às tonalidades de cores, quais vantagens as tintas naturais apresentam em relação às tintas artificiais?

4. Leiam o texto abaixo e responda.

   No sopé do pico de Itabirito, Krajcberg deparou-se com minérios* de ferro: hematita vermelha, hematita marrom e magnetita.

   - Quais eram as cores dos pigmentos que ele obteve a partir desses minérios?

21. Transformando metais em muitos produtos

A extração do minério de ferro

Na natureza, existem alguns lugares onde os minérios podem ser encontrados em grandes quantidades. Esses locais são chamados jazidas minerais.

Para que os minérios possam ser utilizados pelos seres humanos, eles, primeiro, precisam ser retirados das jazidas, para, depois, serem transformados em produtos.

Interpretar e relacionar

1. A foto ao lado mostra um local de onde se retira minério de ferro. Observe o aspecto do terreno desse lugar.

Extração de minério de ferro pela Companhia Vale, em Minas Gerais.

- Com base na foto, anote duas modificações que foram causadas pela retirada do minério da natureza.

____

____

____

____

De uma jazida como a representada acima podem ser extraídos minérios como os que você vê nas fotos ao lado.

Hematita.

Pirita.

A transformação do minério de ferro em objetos

O minério de ferro é transportado por caminhões e trens até a siderúrgica, indústria que faz a transformação do minério em ferro fundido. O processo de transformação do minério consiste, basicamente, em: moagem, secagem e derretimento do minério, com um tipo de carvão chamado coque, a uma temperatura de cerca de 2000 °C. Esse derretimento é feito dentro de um equipamento com formato de uma chaminé muito alta, o alto-forno. Na etapa final do processo, o ferro fundido é despejado em moldes especiais.

As fotos a seguir mostram algumas etapas da transformação do minério de ferro em uma siderúrgica.

Coque que vai para o alto-forno.

Altos-fornos vistos da área externa da siderúrgica.

Ferro fundido recém-saído do alto-forno.

Lingote de ferro fundido, pouco tempo após a saída do alto-forno.

2. Com base nas imagens da página anterior, responda.

a) Em que estado físico o minério de ferro é colocado no alto-forno? E em que estado físico ele sai?

b) Por que o ferro que sai do forno é chamado ferro fundido?

c) Qual é a causa da mudança de estado?

Parafuso e porca

Além do minério de ferro e do coque, dentro do alto-forno também é colocado calcário, para retirar a areia contida no minério, entre outros resíduos.

Depois de esfriar, o ferro fundido, também conhecido como ferro-gusa, torna-se sólido, formando grandes blocos chamados lingotes.

Após a produção na siderúrgica, os lingotes de ferro seguem para outras indústrias que os transformarão em outros produtos.

Uma grande variedade de produtos utiliza ferro fundido em sua composição. Veja nas fotos abaixo exemplos desses produtos.

Botijão de gás.

Trilhos de trem.

Estrutura de ferro usada na Estação da Luz, São Paulo.

Vergalhões usados na construção civil.

Um passo a mais...

Comparar e explicar

1. Observe e compare o aspecto do morro nas paisagens representadas nas fotos ao lado.

Paisagem de Itabira, Minas Gerais, antes e depois da extração de minérios.

a) Descreva o que você observou em relação ao aspecto do morro.

b) Proponha uma explicação para o que você observou.

2. Solicite a ajuda de um adulto para observar, em sua casa, objetos feitos de ferro e objetos feitos de aço inoxidável.

a) Escreva os nomes desses objetos.

b) Compare o aspecto de cada um dos objetos e anote duas características que sejam diferentes entre eles.

O metal alumínio

O alumínio é um metal, assim como o ferro, o ouro, a prata e o cobre. Metais são materiais da natureza que apresentam brilho característico e são considerados bons condutores de calor e eletricidade.

Nos dias de hoje, o alumínio é um dos metais mais consumidos no mundo. Seu alto consumo se deve a algumas características desse material, como: leveza, resistência à corrosão, maleabilidade, ampla variedade de utilização e possibilidade infinita de reciclagem.

Além disso, muitas pesquisas vêm sendo feitas por cientistas e profissionais das indústrias a fim de aperfeiçoar o processo de fabricação e acabamento dos produtos feitos com esse metal.

O alumínio é obtido de um minério chamado bauxita. Observe a extração desse minério na foto abaixo.

Extração da bauxita.

Na indústria, o minério passa por um processo de transformação denominado purificação da bauxita. Esse processo apresenta várias etapas, como a moagem, a fervura com uma substância chamada soda cáustica, a mistura com um tipo de ácido, a lavagem, a filtragem e o aquecimento. Ao final do processo, forma-se o material que você vê na foto ao lado. Ele se chama alumina.

Amostra de alumina.

Em outras etapas industriais, a partir da alumina obtém-se o alumínio. Puro ou misturado a outros minerais, o alumínio é utilizado para fazer os mais diversos produtos.

A confecção de produtos como estes representados a seguir é feita a partir da moldagem de lingotes de alumínio.

Bicicleta.

Escultura.

Revestimento.

Estrutura de carro.

Apesar da grande capacidade de aplicação do alumínio na confecção de objetos, há dois sérios inconvenientes no processo de transformação da bauxita: a necessidade de eliminar de forma adequada os resíduos de soda cáustica formados na etapa de fervura e o alto consumo de energia elétrica.

Pesquise

O alumínio é o metal mais reciclado. Em pequenos grupos, consultem jornais, revistas e *sites* para obter informações sobre a reciclagem desse metal e respondam às questões abaixo.

1. Por qual mudança de estado físico passam os objetos feitos de alumínio no início do processo de reciclagem?

2. Explique o que significa dizer que uma latinha de alumínio usada pode transformar-se em uma nova latinha infinitas vezes.

3. Qual é a porcentagem de economia de energia elétrica que a reciclagem do alumínio representa em relação à sua produção a partir da bauxita?

4. Quais vantagens a reciclagem de alumínio pode trazer para o meio ambiente? E para o setor de trabalho?

Panela.

Latinha.

Formas.

22. A energia no ambiente

O pilão e o monjolo

Você certamente já ouviu frases como estas: *Ontem faltou energia em casa* ou *Hoje eu estou me sentindo sem energia*. Energia... Qual será o significado dessa palavra?

A palavra energia vem do grego *enérgeia*, que significa "força em ação". A energia tem uma característica importante: ela se transforma, ou seja, passa de uma forma a outra.

Vejamos dois exemplos de transformação de energia.

Trabalhador utiliza pilão para amassar babaçu na preparação de óleo, PA, 2006.

Fazer suposições e identificar

1. Você sabe o que é um pilão? Tem ideia de como ele é utilizado?
2. Pergunte à pessoa que prepara os alimentos em sua casa se ela usa pilão. Caso a resposta seja positiva, em que situações esse instrumento é usado?

O pilão é um equipamento feito de madeira dura que serve para amassar grãos, fazer farinha, amassar temperos utilizados no preparo dos alimentos.

As imagens nesta página mostram situações de uso desse equipamento.

Escravas socando café em pilão; gravura feita a partir de fotografia de Victor Frond, publicada no livro *Brasil pitoresco*, de Charles Ribeirolles, 1859-1861.

3. De onde vem a energia utilizada para amassar os grãos no pilão manual?

____

4. Nas situações representadas, qual é a vantagem de usar um equipamento como esse?

____

____

____

Além da energia do próprio corpo, o ser humano explora, há milhares de anos, a energia da água em movimento, do vento, da luz e do calor do Sol, que, devido à sua origem na natureza, são chamados fontes naturais de energia.

O ser humano desenvolveu técnicas e criou equipamentos que utilizam fontes naturais de energia para funcionar. O monjolo, chamado por alguns povos indígenas de *enguaguaçu*, palavra que significa pilão grande, é um exemplo desse tipo de equipamento.

Observe as fotos e veja como um monjolo funciona.

A água cai no cocho de um dos braços do monjolo.

À medida que o cocho se enche de água, ele se torna mais pesado.

A água escorre do cocho e o pilão cai, triturando os grãos.

Interpretar e relacionar

5. Qual é a fonte de energia do monjolo?

____

6. O que ocorre com o braço do monjolo que tem o pilão quando o cocho se enche de água?

____

7. E quando o cocho se esvazia, o que acontece com a haste? O que acontece com os grãos?

____

____

8. Comparado com o pilão, em que o uso do monjolo pode ser vantajoso para o ser humano?

____

____

Fontes renováveis de energia

As fontes de energia podem ser de dois tipos: renováveis e não renováveis.

As fontes renováveis são aquelas que praticamente não se esgotam. O Sol, por exemplo, vai continuar emitindo luz e calor, não importa quanta energia solar seja utilizada pelas plantas ou pelos seres humanos. Da mesma maneira, outras fontes de energia, como o vento e o movimento das águas, também não se esgotam.

Estas fotos mostram formas de utilização de fontes renováveis de energia.

Para navegar, o veleiro necessita da energia do vento.

A energia do movimento da água, que cai por meio de uma calha, se transforma em energia de movimento da roda-d'água.

Fazer suposições e identificar

9. Você conhece outros equipamentos que dependem de fontes renováveis de energia para funcionar? Quais? Onde eles são utilizados?

____

____

____

A energia dos seres vivos

As plantas são capazes de captar a energia da luz solar por meio de um processo composto de uma série de etapas, denominado fotossíntese.

Para que a fotossíntese ocorra é necessária a absorção da luz solar por meio da clorofila, uma substância de cor verde que está presente nas folhas da maioria das plantas. Além disso, deve acontecer a absorção do gás carbônico do ar, também por meio das folhas, e da água líquida do solo, por meio das raízes das plantas.

Com o processo de fotossíntese, as plantas produzem, principalmente, dois tipos de substâncias: a sacarose e o amido, que são tipos de açúcar. Ambos são fontes de energia. A partir dessas duas substâncias, muitas outras são produzidas e armazenadas nas plantas.

Além das plantas, as algas e alguns microrganismos também são capazes de realizar a fotossíntese. Os seres vivos que fazem fotossíntese representam a base das cadeias alimentares na natureza. São eles que transformam a energia luminosa em outro tipo de energia, que será o alimento dos animais herbívoros. Esses animais, por sua vez, são a fonte de alimento dos animais carnívoros e onívoros.

Identificar e relacionar

10. Com base no texto acima, complete os espaços do esquema.

Esquema simplificado da fotossíntese

Componentes da natureza que são absorvidos	Plantas	Produtos do processo
Do solo: ______________ →		→ ______________
Do Sol: ______________ →		→ ______________
Do ar: ______________ →		→ ______________

11. Relacione as partes da planta às suas funções na fotossíntese.

- Folhas
- Raízes

- Entrada de gás carbônico
- Absorção de água líquida
- Absorção de luz solar

Fontes não renováveis de energia

As fontes de energia consideradas não renováveis são aquelas que existem em quantidade finita na natureza e não podem ser repostas. Um exemplo desse tipo de fonte de energia é o petróleo.

O petróleo pode ser encontrado em jazidas que ficam em camadas de rocha no subsolo ou sob o leito dos oceanos e dos mares. É nessas camadas de rochas que ele se formou e se acumulou.

O petróleo é um material que se formou lentamente. Ele se originou a partir do acúmulo e da transformação de restos de seres vivos que existiram há milhares de anos. Por causa dessa característica, o petróleo é considerado uma fonte de energia fóssil.

Por existir em quantidade finita na natureza e por se formar tão lentamente, o petróleo é considerado uma fonte não renovável de energia. Isso significa que suas reservas podem se esgotar no futuro, caso não haja controle de sua extração, transformação e consumo.

O esquema a seguir representa um local da natureza de onde se extrai petróleo.

Esquema do processo de extração do petróleo

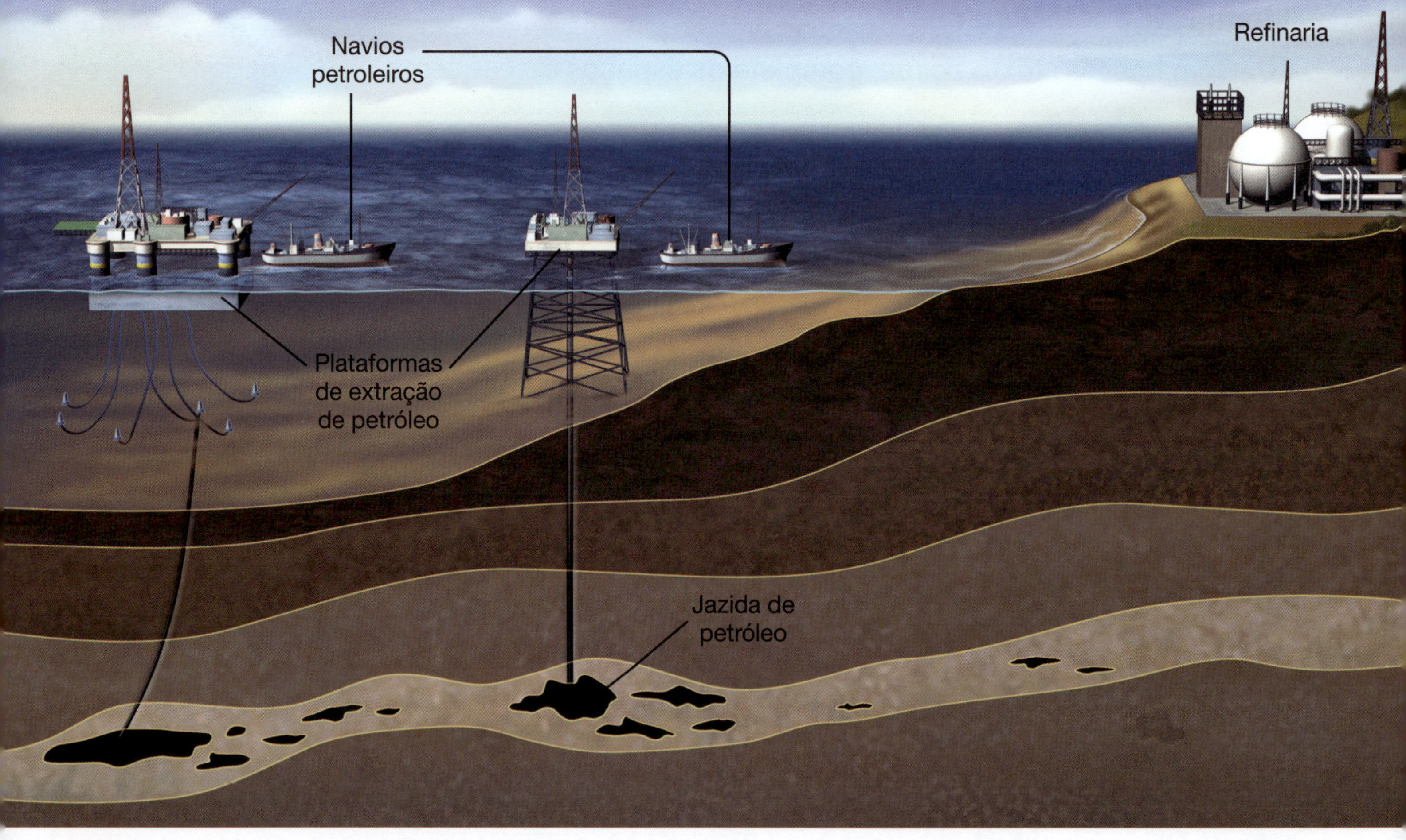

Após ser retirado do subsolo, o petróleo segue para as refinarias. Ali, ele passa por um processo de aquecimento em muitas etapas, que dará origem a produtos como o gás de cozinha, o asfalto, a gasolina e o óleo *diesel*. Nas indústrias, alguns desses produtos passam por ainda outras transformações, dando origem a plásticos, tintas e ceras, por exemplo.

A gasolina e o óleo *diesel*, obtidos a partir do petróleo, são chamados materiais combustíveis.

Os combustíveis são substâncias que podem queimar, produzindo energia na forma de luz e calor.

O consumo excessivo de substâncias combustíveis obtidas do petróleo pode trazer sérios prejuízos ao ambiente.

A foto seguinte representa uma situação em que isso acontece.

É a partir do petróleo que se obtêm a gasolina e o óleo *diesel*, fontes de energia para o funcionamento de veículos que circulam nas cidades.

12. Com base nas informações apresentadas na foto, responda.

a) Aparentemente, o consumo excessivo dessas substâncias pode trazer que prejuízo ao ambiente?

____

b) Anote uma provável consequência desse problema.

____

____

____

Interpretar e relacionar

13. Leiam o texto a seguir. Ele se refere a possíveis prejuízos ao ambiente ocasionados pelo consumo intenso de combustíveis em veículos.

Ai, que calor!

Falar sobre aquecimento global parece que virou moda nos últimos tempos. Mas, afinal, você sabe o que esse fenômeno significa?

Cientistas acreditam que a temperatura da Terra está aumentando, o que traz resultados ruins para o planeta. A água de geleiras e a neve acumulada no alto de montes, por exemplo, derretem e vão parar nos oceanos. Assim, o nível do mar também aumenta e ameaça cidades e ilhas, que podem sumir do mapa.

Segundo as previsões, em alguns lugares do mundo, o mar deve subir 40 centímetros até 2050 e outros 50 centímetros até 2100. Vale lembrar que cada centímetro a mais de água no mar resulta em 1 metro a menos de terra nas praias.

[...] O Brasil está longe de ser o país mais prejudicado. [...] Apenas 2% das praias estão a menos de 10 metros do nível do mar. O problema é que nessa porcentagem estão grandes cidades, como Fortaleza, Recife, Rio, Salvador e Santos.

O efeito do degelo já pode ser visto em outras partes do país. Em Olinda e Jaboatão (Pernambuco), São João da Barra (Rio de Janeiro) e no litoral de Santa Catarina, casas construídas há 20 anos que ficavam a 200 metros do mar hoje estão sendo engolidas pelas ondas.

Fortaleza.

Recife.

Santos.

[...] Além do aumento do nível do mar, quando a temperatura do ar aumenta, a do mar também se eleva, o que interfere na vida das espécies marinhas e atrapalha a cadeia alimentar de diversos animais, inclusive do homem, já que a pesca fica prejudicada.

Outra consequência do aquecimento global é o aumento da intensidade das tempestades como furacões, tornados, chuvas de granizo e tempestades de raios.

Segundo os especialistas, enchentes e furacões [...] podem aumentar de frequência e de poder, adquirindo uma força muito maior e afetando a produção de alimentos – agricultura e pecuária.

Furacão em praia de Cuba, 2005.

[...] Existe muita discussão sobre o porquê do aquecimento global. O maior vilão é o dióxido de carbono, o gás carbônico jogado na atmosfera por veículos e fábricas.

[...] Mas há pesquisadores que não colocam a culpa somente no dióxido de carbono e acreditam que a Terra [...] vem sofrendo aquecimentos e resfriamentos globais, independentemente da ação do homem. O problema hoje é a velocidade com que isso vem acontecendo.

Polêmicas à parte, o fato é que o aquecimento global é realidade, e teremos de aprender a lidar com os efeitos [...] Ainda é possível diminuir o ritmo do aquecimento nos próximos séculos.

[...] A educação ambiental deve ser levada a sério e ações simples como reciclagem, não jogar lixo nas ruas e cuidar da natureza podem parecer pequenas, mas valem muito mais do que a gente imagina.

Alline Dauroiz e Etienne Jacintho.
O Estado de S. Paulo, 18 abr. 2009,
Caderno Estadinho, p. 4-5.

Salvador.

Rio de Janeiro.

14. Consultem um dicionário e organizem um glossário com as palavras do texto que vocês desconhecem.

15. Com base nas informações apresentadas no texto, respondam.

a) Qual é a relação entre o aquecimento global e o aumento do nível do mar?

b) Por que o fenômeno descrito na questão anterior pode significar uma ameaça para algumas cidades?

c) Pensando na localização, qual é a característica comum entre as cidades brasileiras citadas no texto?

d) Grife no texto o trecho que se refere a outras possíveis consequências do aquecimento global e sua ação negativa para o ambiente.

e) O acúmulo de determinada substância no ambiente é apontado como o principal responsável pelo aquecimento global. Qual é essa substância? Em que local do ambiente ela se acumula?

Pesquise

Além do petróleo, a queima de dois outros combustíveis fósseis contribui para o aquecimento global: o gás natural e o carvão mineral.

1. Consultem jornais, revistas, livros e *sites* para descobrir informações sobre esses materiais.

a) Onde e como eles se formaram na natureza?

b) Como é feita a sua extração do ambiente?

c) Em que atividades humanas esses combustíveis costumam ser usados?

d) Pensando na sua formação no ambiente, de onde provém a energia contida nesses materiais?

2. Utilizem informações do seu livro e outras obtidas com a pesquisa para elaborar um painel coletivo sobre extração, transformação e consumo de combustíveis fósseis. As informações devem ser apresentadas por meio de textos e imagens.

3. Acrescentem ao painel um texto coletivo sobre a necessidade de rever hábitos que possam colaborar para a redução da emissão de gás carbônico no ambiente. Encerrado o painel, pendure-o no mural do “Canto de Ciências”.

Você sabia?

A combustão e a energia

Além de se valerem da luz e do calor do Sol, os homens, em seus primórdios, utilizavam também o fogo. Embora não soubessem provocar fogo, os homens talvez tenham aproveitado incêndios acidentais provocados por raios ou por lava incandescente de algum vulcão. Aprenderam inicialmente a manter o fogo. Os "guardiões do fogo" vigiavam dia e noite esses incêndios acidentais, alimentando-os com gravetos, folhas, etc. Há 500 mil anos, o homem primitivo queimava madeira para conseguir luz e calor.

O domínio do fogo – saber fazer e usar controladamente o fogo proveniente da combustão (queima) – significou uma transformação profunda na vida dos homens. As transformações químicas* que ocorrem no cozimento de alimentos, na produção de utensílios cerâmicos, de metais, como ferro, e ligas metálicas*, como bronze, só foram possíveis com a energia liberada nas combustões.

Até o ano 1200, a madeira era a principal fonte de energia, o combustível gerador de calor e luz. Mas, já no século XIV, com a invenção do alto-forno, o *carvão vegetal** passou a ser mais utilizado devido a sua maior eficiência.

No século XVIII, James Watt construiu a primeira máquina a vapor e o *carvão mineral* passou a ser utilizado como combustível. Nas máquinas a vapor, utiliza-se combustível para aquecer água e, assim, gerar vapor-d'água, o qual movimenta a máquina. [...]

Laboratório Aberto de Química Gepeq – Grupo de Pesquisa em Educação Química. *A energia e as transformações químicas*. Disponível em: <http://www.eciencia.usp.br/exposição/gepeq/combustão.htm>. Acesso em: 16 abr. 2002.

Um passo a mais...

Classificar e comparar

1. Identifiquem as fontes de energia representadas e classifiquem--nas em: renováveis (R) e não renováveis (N).

2. Leiam o texto e façam o que se pede.

Os moradores da casa 1 usam a energia elétrica produzida por uma usina termelétrica como fonte de energia para o funcionamento do chuveiro. Os moradores da casa 2 possuem um sistema de aquecimento solar que esquenta a água usada no banho.

a) Circulem o desenho da casa em que se usa uma fonte de energia renovável para aquecer a água do banho.

1

2

b) Expliquem qual é a vantagem para o ambiente dessa escolha de fonte de energia na residência.

____

____

23. A obtenção e o transporte de energia elétrica

Das usinas às cidades

A energia elétrica está presente em nosso dia a dia. Dependemos dela para acender a luz e fazer funcionar aparelhos eletrodomésticos. Também é por meio desse tipo de energia que as empresas, as escolas, as vias públicas e as indústrias mantêm o funcionamento de equipamentos como computadores, faróis e motores.

Para atender a essa demanda, o ser humano transforma energia da água em movimento em energia elétrica. Isso é feito por meio do funcionamento de equipamentos que ficam dentro de uma usina hidrelétrica, como a da foto ao lado.

Usina hidrelétrica de Itaipu, no rio Paraná, na fronteira entre o Brasil e o Paraguai, 2002.

Fazer suposições e descrever

1. Você tem ideia de que equipamentos são utilizados na transformação da energia em uma usina como a mostrada na foto? Faça suposições com base no que você já conhece sobre o assunto.

2. Como você imagina que se dá o transporte de energia elétrica das usinas até as ruas de uma cidade? E das ruas até o interior das moradias e de outros imóveis da cidade?

Para que uma usina hidrelétrica funcione, é preciso represar a água de um rio, armazenando-a em grande quantidade. Essa água fica retida por muros altos e grossos denominados barragens.

Veja a seguir o esquema de uma usina hidrelétrica.

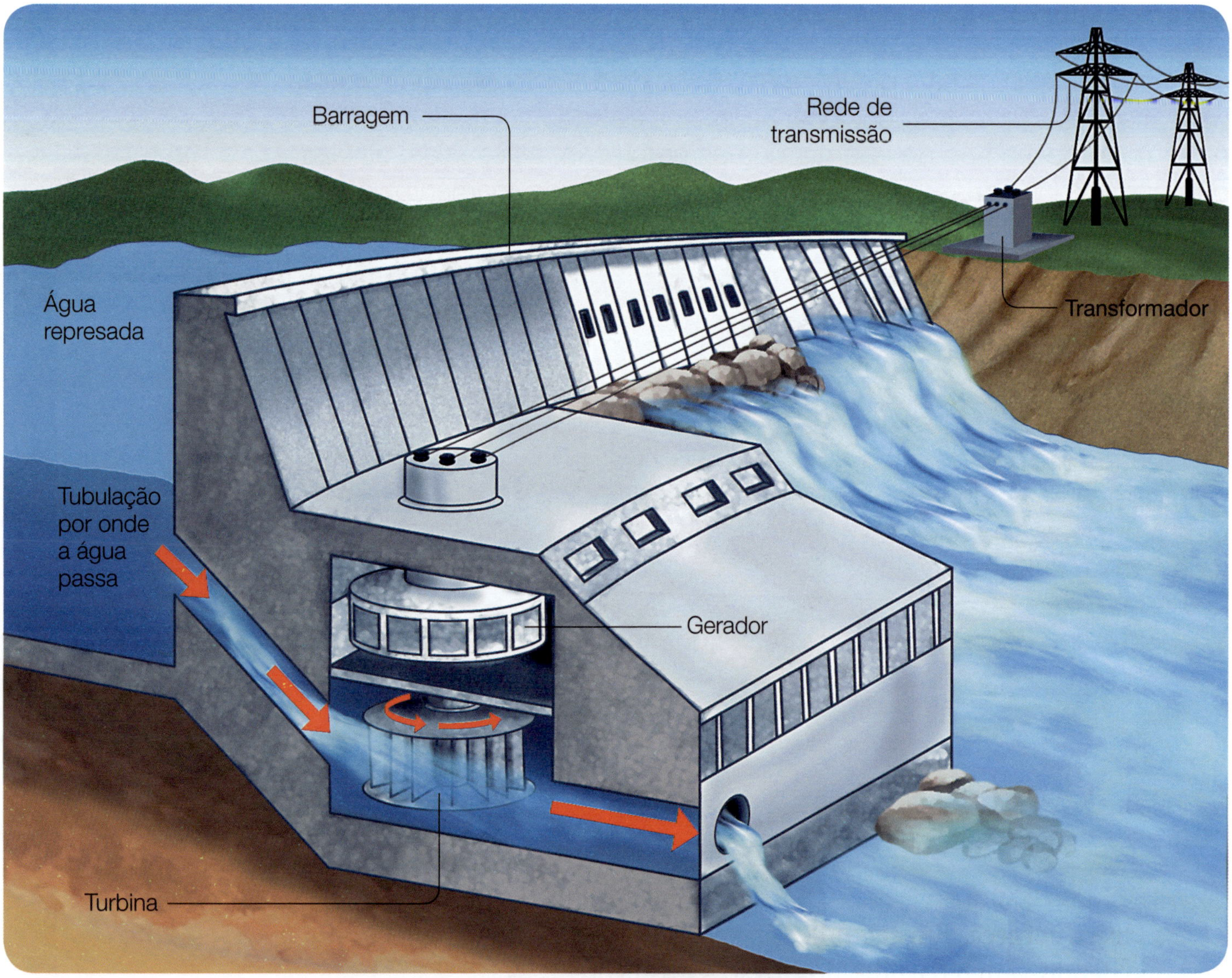

A água do rio armazenada na represa é conduzida por tubulações até grandes turbinas, que funcionam à base de pás giratórias, como se fossem grandes rodas-d'água.

As turbinas são ligadas a outros equipamentos chamados geradores. O movimento rápido da água, que desce em grande quantidade, faz as pás das turbinas girarem. A energia do movimento das turbinas é transferida para os geradores, que transformam essa energia em energia elétrica.

A partir dos geradores, a energia elétrica produzida na usina passa por grandes transformadores, e destes para as redes de transmissão, formadas por torres e fios.

Os transformadores são equipamentos que adaptam a quantidade de energia produzida na usina à quantidade de energia consumida por máquinas e equipamentos nas cidades ou na área rural.

As torres de transmissão sustentam fios pesados – os linhões –, que conduzem a energia elétrica das usinas para as cidades.

A energia elétrica é conduzida de um local para outro por fios suspensos entre postes.

A empresa de energia elétrica da cidade deve autorizar a ligação entre os imóveis e os fios dos postes da rua. Para fazer essa ligação, a empresa de energia exige a instalação, dentro do imóvel, de um equipamento chamado caixa de luz. Nessa caixa ficam conectados os fios elétricos que são distribuídos a todos os pontos de um imóvel. Assim, é possível acender uma lâmpada, ligar a TV ou a geladeira.

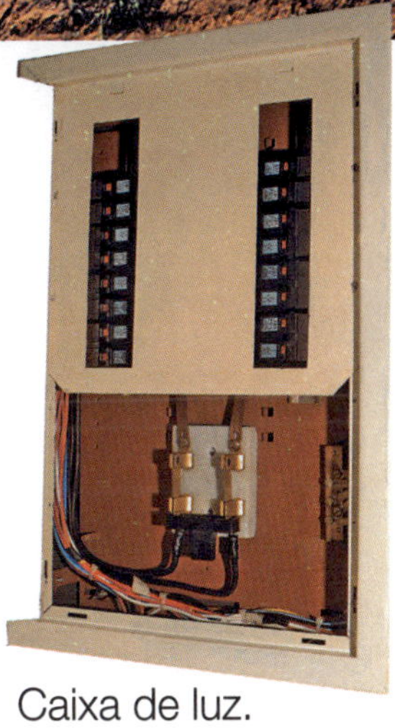

Caixa de luz.

Você sabia?

A eletricidade no ar

Durante o verão a cena é comum. Nuvens escuras surgem de repente e a chuva começa. Em seguida, um relâmpago risca o céu. Que bonito! Logo depois vem o barulho do trovão. Que medo!

Os relâmpagos são descargas elétricas semelhantes às correntes elétricas que passam pelos fios de nossas casas e que fazem os eletrodomésticos funcionarem. Mas são milhares de vezes mais fortes. Tão fortes que ao passarem pela atmosfera deslocam o ar e produzem um barulho intenso, o trovão. [...]

Existem vários tipos de relâmpagos: dentro das nuvens, entre duas nuvens e até da nuvem para o alto. Os relâmpagos que ocorrem entre as nuvens e o solo são chamados raios.

Bruno Magalhães
Ciência Hoje das Crianças. Disponível em: <http://cienciahoje.uol.com.br/2885>. Acesso em: 23 jun. 2009.

Fontes alternativas de obtenção de energia

No Brasil, a obtenção de energia elétrica a partir do movimento das águas é a mais utilizada. No entanto, outras fontes podem ser utilizadas com o mesmo fim.

A energia solar e a energia dos ventos são exemplos de fontes utilizadas na obtenção de energia elétrica.

A energia solar pode ser utilizada para o aquecimento da água. Com isso, é possível economizar a energia elétrica consumida nos chuveiros, por exemplo.

Turbinas eólicas em funcionamento para a obtenção de energia elétrica a partir da energia dos ventos.

Como você já sabe, os seres vivos acumulam energia no organismo. Assim, algumas substâncias que compõem o corpo dos seres vivos contêm muita energia e podem ser utilizadas na fabricação de combustíveis.

3. Volte à página 131 e releia no texto o significado da palavra combustível.

4. Acompanhe a sequência de fotos a seguir. Ela representa uma fonte de energia na natureza, um produto obtido a partir dessa fonte e uma forma de utilização desse produto.

Plantação de cana-de-açúcar.

O etanol é extraído da cana-de-açúcar.

Carro, motocicleta e ônibus movidos à base de etanol.

a) Qual fonte natural de energia foi representada na sequência de imagens?

____

b) Essa fonte de energia é considerada renovável. Tente explicar por quê.

____

____

____

c) Como se chama o produto obtido a partir dessa fonte de energia? Para que serve esse produto?

____

____

A produção industrial de um tipo de álcool chamado etanol é feita em um local, como o mostrado na foto ao lado, chamado usina de cana-de-açúcar.

Para que o etanol seja extraído, a cana-de-açúcar precisa passar por uma etapa de moagem. Durante a moagem, forma-se um resíduo chamado bagaço de cana. Ao longo de muitos anos, o bagaço de cana foi considerado lixo.

Hoje em dia, o bagaço e as folhas da cana-de-açúcar que caem e secam no local da plantação, a chamada palha da cana, também são utilizados como fonte de energia na própria usina. Ao queimar, esse material fornece energia para aquecer a água das caldeiras, que são grandes recipientes metálicos.

Usina de cana-de-açúcar.

Bagaço de cana.

O vapor da água aquecida nas caldeiras é utilizado para movimentar turbinas. Como na usina hidrelétrica, a energia do movimento das turbinas é convertida, por meio de geradores, em energia elétrica, que será utilizada no funcionamento da usina.

A energia solar, o vento e a água são considerados fontes limpas de obtenção de energia elétrica, já que as técnicas utilizadas para a sua transformação não produzem resíduos poluidores do ambiente. No caso da queima da palha e do bagaço da cana, ocorre a produção de resíduos, como as cinzas, e de gases, que podem ser tóxicos.

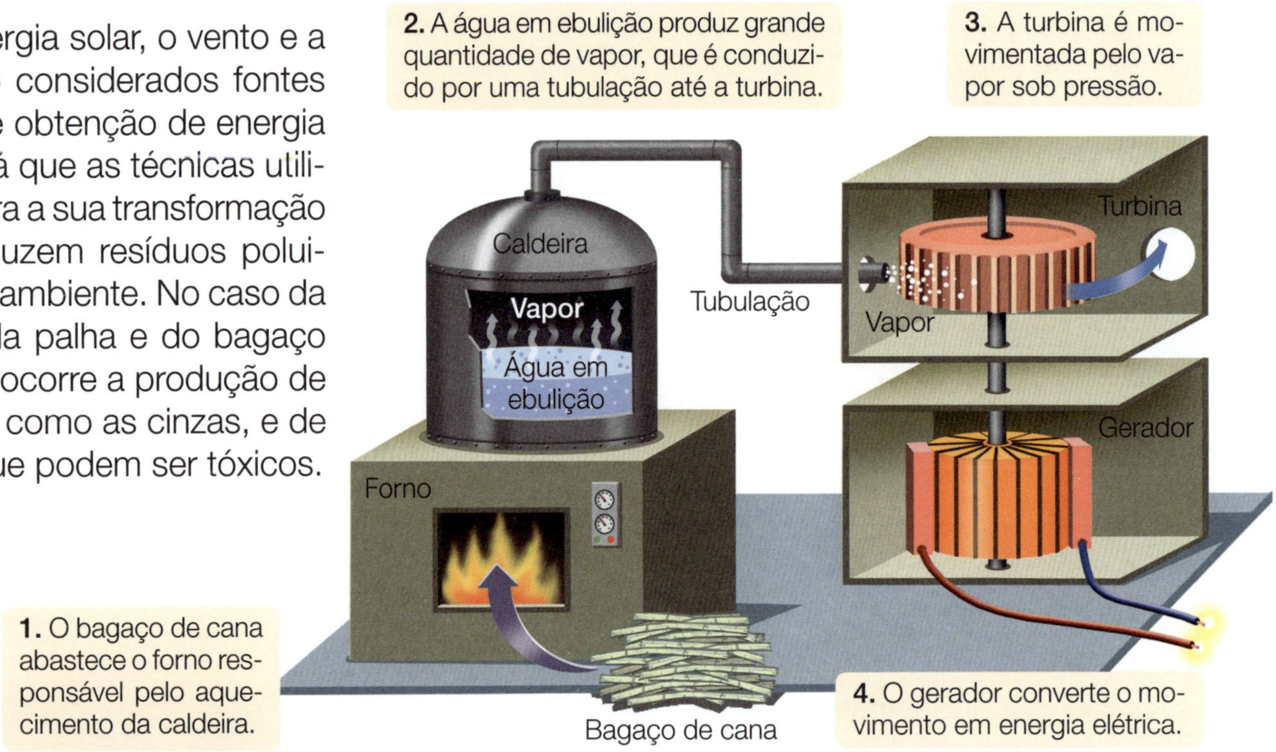

Comparar e aplicar

5. Com base nas informações do texto acima, assinale as respostas corretas.

a) Residência que utiliza uma fonte limpa de energia elétrica.

b) A obtenção de energia elétrica a partir dessa fonte produz um gás que contribui para o fenômeno do aquecimento global.

Um passo a mais...

Avaliar e ordenar

1. Para construir uma usina hidrelétrica é preciso represar a água de um rio, alagando, muitas vezes, extensas áreas de terra firme. No rio e em suas margens, vivem plantas e animais, incluindo seres humanos. Avalie como a construção de uma usina hidrelétrica pode trazer prejuízos ao ambiente.

____

____

____

____

____

____

____

2. Ordene as frases de acordo com o processo de transformação, transmissão e recepção de energia elétrica das usinas às cidades.

- [ ] A água represada desce por tubulações que a levam até as turbinas, fazendo-as girar.
- [ ] Por meio da caixa de luz é feita a ligação entre os fios dos postes da rua e o interior das residências.
- [ ] As barragens retêm a água de um rio represado.
- [ ] Para chegar às cidades, a energia elétrica é transportada por meio de linhões, que são sustentados pelas torres de transmissão.
- [ ] A energia do movimento das turbinas é transferida aos geradores, equipamentos onde a energia elétrica é produzida.
- [ ] Os transformadores recebem a energia elétrica produzida na usina e adaptam o seu fluxo ao consumo das cidades.

24. O consumo de energia elétrica

Os circuitos elétricos

O caminho que a energia elétrica percorre em uma cidade, uma casa ou aparelho eletrodoméstico recebe o nome de circuito elétrico. Em uma casa, os circuitos elétricos distribuem a energia elétrica pelos cômodos, para que equipamentos como lâmpadas, ferros de passar roupa e chuveiros sejam ligados às tomadas e possam funcionar.

Atividade prática

Construir e testar um circuito elétrico

O professor organizará a classe em pequenos grupos para que vocês construam um circuito elétrico e saibam mais sobre esse assunto.

Antes de iniciar o trabalho, levantem suas hipóteses sobre as questões a seguir.

1. Por que é necessário incluir uma ou mais pilhas em determinados circuitos elétricos?

____

____

2. Por que os fios elétricos são feitos de metal?

____

Materiais necessários

Para o circuito

- ✓ 3 pedaços de fio elétrico fino, de cerca de 20 centímetros cada um, com as pontas desencapadas
- ✓ base de madeira ou de papelão grosso
- ✓ 2 tachinhas
- ✓ 1 pilha média, de 1,5 V
- ✓ fita adesiva
- ✓ lâmpada de lanterna com soquete

Para o teste

- ✓ 1 clipe de metal médio ou grande
- ✓ 1 rolha de cortiça
- ✓ borracha
- ✓ 1 peça de dominó de madeira
- ✓ 1 colher de plástico

Como fazer

Acompanhem a sequência por meio do texto e das fotos.

1. O professor vai espetar as tachinhas na base de madeira, deixando-as bem próximas uma da outra (cerca de dois dedos de distância).
2. Enrolem a ponta desencapada de cada um dos fios em uma tachinha.
3. Na base da pilha, prendam com fita adesiva a outra ponta desencapada de um dos fios. No soquete da lâmpada, prendam a ponta do outro fio.
4. Na parte saliente da pilha, prendam com fita adesiva a ponta do fio que sobrou; enrolem a outra ponta no soquete.
5. Testem o funcionamento do circuito com: a rolha de cortiça, o clipe, a peça de dominó, a borracha e a colher de plástico. Façam como na foto 5.
6. Retirem a pilha do circuito, como na foto 6. Depois, repitam todos os testes com os objetos mencionados no item anterior.

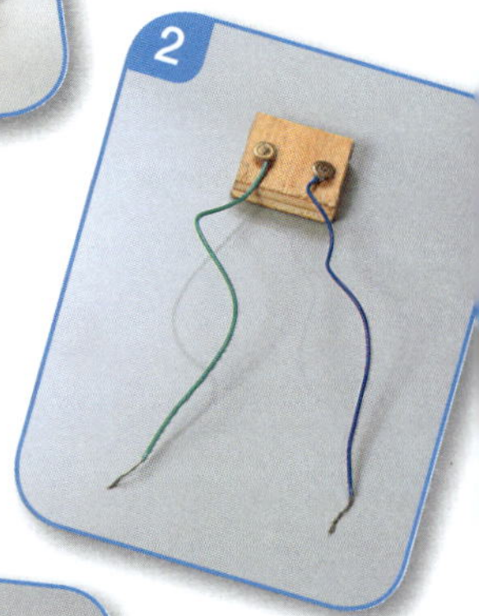

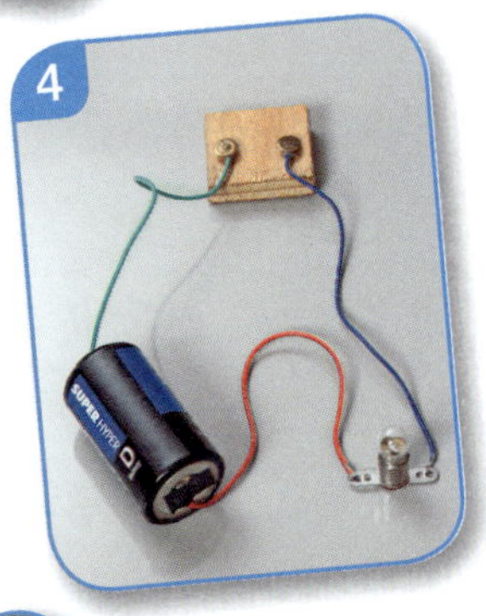

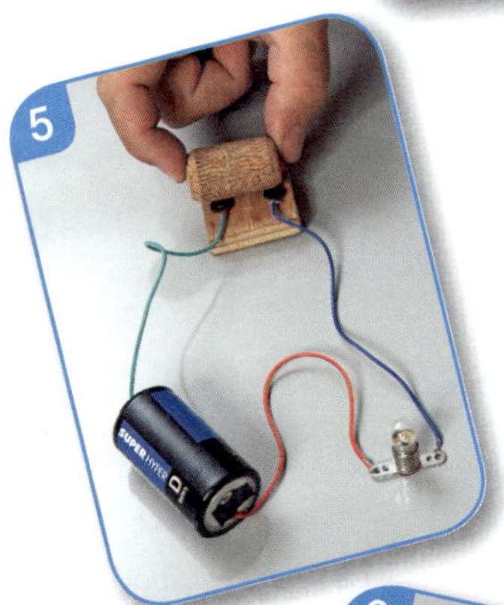

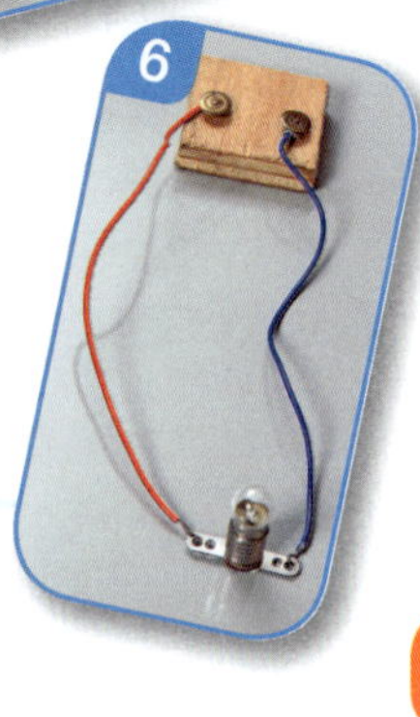

Discutindo os resultados

3. Com base nas observações feitas ao longo do experimento, respondam:

a) Suas hipóteses foram confirmadas? Caso isso tenha acontecido, expliquem quais resultados mostraram isso.

b) Por que os fios elétricos são revestidos de plástico?

Você sabia?

Proteger o corpo humano

Entre os materiais que conhecemos, alguns são bons condutores de energia elétrica, como os metais. Outros materiais, como a cortiça, os plásticos, a borracha e a madeira, não conduzem bem a eletricidade; por essa razão, são chamados materiais isolantes.

Todo eletricista ou qualquer adulto que trabalhe com energia elétrica deve saber quais são os materiais condutores e os materiais isolantes. Eles também devem se proteger com roupas, botas, capacetes e usar ferramentas adequadas. O preparo e a proteção do corpo são fundamentais para evitar acidentes com a energia elétrica.

Esses cuidados são importantes para evitar os choques elétricos, que ocorrem quando a energia elétrica atinge o corpo de uma pessoa e circula nele. Dependendo da intensidade, um choque elétrico pode levar à morte.

Por isso, mesmo não sendo um profissional, é importante conhecer alguns cuidados que devemos ter no dia a dia para evitar esse tipo de acidente.

- Não tocar em fios de aparelhos ligados e com a parte metálica exposta.
- Não colocar objetos feitos de metal em tomadas.
- Não mudar a posição das chaves do chuveiro quando ele estiver em funcionamento.
- Não mexer em antenas externas de televisão.
- Não ligar o rádio ou o secador de cabelo durante o banho.
- Não manusear equipamentos elétricos com os pés descalços ou com as mãos e os pés molhados.
- Não soltar pipas em locais próximos à rede elétrica das ruas; caso uma pipa fique presa a um poste, pedir a ajuda de um profissional especializado.

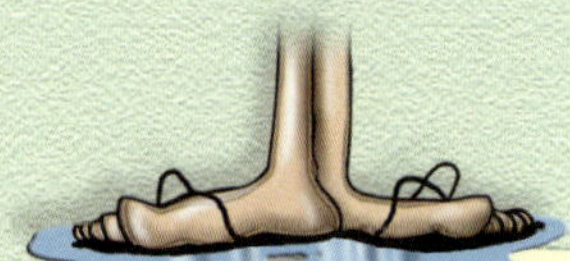

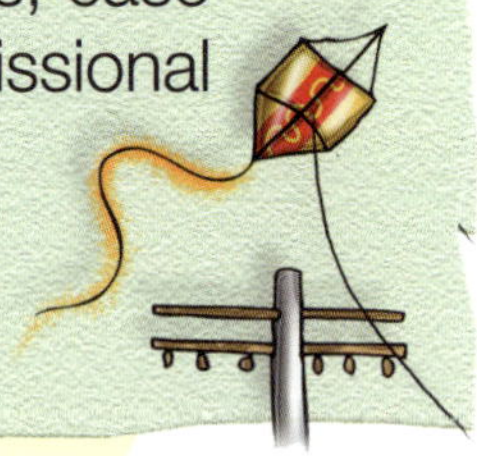

A leitura da conta de energia elétrica

Precisamos pagar pela energia elétrica que consumimos ao ligar os diversos aparelhos elétricos. Todo mês as empresas de energia elétrica enviam uma conta para os imóveis que têm um "relógio de luz", como o que você vê na foto ao lado.

O relógio de luz é um aparelho que mede a quantidade de energia elétrica que entra em um imóvel. Por meio desse instrumento, as empresas controlam o consumo de energia naquele imóvel e, com base nesse valor, calculam quanto o consumidor pagará por essa energia.

Aparelho que mede o consumo de energia elétrica.

Em uma conta de energia elétrica há várias informações, como: o número do relógio de luz, o consumo mensal, o histórico do consumo (quantidade de energia usada nos 12 meses anteriores), a data de vencimento da conta e o valor total a pagar.

Veja essas informações na conta de luz mostrada a seguir.

FN - GB01 - W05 - **009330** - folha.: 1/1

Conta de Energia Elétrica

LUIZ CRUZ DE CARVALHO
Rua ALVES, 3333, apto 33
03333-330 SÃO GUIMARÃES

Vencimento	Unidade de Leitura	Sequência	Medidor
15 ABR 2009	B4430228	0631	318339

Fatura nº	Data de Emissão	Conta Referente a	Nº Instalação
556020378440	02 ABR 2009	ABR 2009	123239834

Informações de Leitura

Anterior	Atual	Próxima	Entrega da Conta	Leitura	IRR
03 MAR	02 ABR	05 MAI	06 ABR	9561	0000

Sua Instalação

Medidor	Fator Multiplicador	Classe	Faturamento
318339	1	Residencial	Trifásico

Conjunto Elétrico

	DEC	FEC	DIC	FIC	DMIC
Limite Permitido	0,00	0,00	0,00	0,00	0,00
Verificado	0,00	0,00	0,00	0,00	0,00
O cliente tem direito de solicitar apuração do DIC, FIC e DMIC e ser compensado em caso de ultrapassagem do limite permitido	Horas em média, que a região ficou sem energia	Vezes em média, que a região ficou sem energia	Horas que o cliente ficou sem energia	Vezes que o cliente ficou sem energia	Máximo de horas contínuas que o cliente ficou sem energia

Histórico de Consumo kWh

	kWh
MAR/09	299
FEV/09	313
JAN/09	279
DEZ/08	330
NOV/08	336
OUT/08	410
SET/08	329
AGO/08	341
JUL/08	347
JUN/08	314
MAI/08	362
ABR/08	344

Tensão Nominal
127/220 (BT) V

Tensão Mínima
116/201 V

Tensão Máxima
133/231 V

Base de Cálculo R$ 122,76
ICMS - Lei Estadual 6374 de 01/03/89
Alíquota 25% - Valor R$ 30,69

Valor da Nota Fiscal	**122,76**
Valor da Fatura a Pagar	**126,56**

Demonstrativo - Resolução 166/2005

Composição da Tarifa	R$
Energia	43.05
Serviço de Distribuição	27.34
Transmissão	7.35
Encargos Setoriais	9.40
Tributos	35.62

Informações do Faturamento

- Unidade Consumidora faturada pela Tarifa Residencial Plena.
- Importante: A falta de pagamento desta fatura implicará na suspensão do fornecimento de energia elétrica a partir do 16º dia da data de vencimento nos termos da resolução ANEEL nº. 456/00 art. 91 e leis federais nºs. 8.987 de 13/02/1995 e 9.427 de 26/12/1996.
- O pagamento desta conta não quita débitos anteriores.
- Sobre a conta paga após o vencimento incidirão multa de 2%, juros de mora de 0,033% ao dia (Lei 10.438 de 26/04/2002) e atualização financeira a serem incluídos em conta futura.
- Sua conta com vencimento em 16/03/2009 no valor de 115,81 foi quitada através de Débito Automático.

Reservado ao Fisco
D041.5D59.8B75.2069.5B34.7B0A.9725.B78E

Considerar esta conta quitada somente após o débito em sua conta corrente.

Nota Fiscal Série B Nº **003360898** Identificador de Débito Automático: **100057389361**

Autenticação Mecânica

AES Eletropaulo

Nota Fiscal Série B Nº 003360898 **Conta de Energia Elétrica**

Fatura nº	Data de Emissão	Conta Referente a	Nº Instalação	Consumo kWh	Vencimento	Total a Pagar R$
556020378440	02 ABR 2009	ABR 2009	123239834	326,0	15 ABR 2009	126,56

LUIZ CRUZ DE CARVALHO

Se por algum motivo de seu conhecimento não ocorrer o débito automático, pague esta conta em qualquer banco autorizado.

Autenticação Mecânica
Não vale como recibo

826800000013 265600481005 713369126519 000573893617

Na parte inferior da conta há a indicação da medida do consumo. Junto à palavra *consumo* aparecem três letras: kWh, sigla que significa quilowatt-hora. O quilowatt-hora – leia "quilouáte-hora" ou "quilovate-hora" – é uma unidade de medida que indica a quantidade de energia elétrica consumida.

Localizar e justificar

1. Localizem na conta e anotem.

a) O nome da empresa fornecedora de energia elétrica.

____

b) O número do relógio de luz (medidor).

____

c) O mês e o ano a que a conta se refere.

____

d) A data em que a leitura foi feita.

____

e) A data da próxima leitura.

____

f) O total a ser pago pelo consumo de energia elétrica.

____

g) O consumo em kWh da conta atual.

____

h) Em que mês e ano se consumiu mais energia elétrica? E quando se consumiu menos energia elétrica?

____

____

- Que informações representadas na conta vocês utilizaram para responder à questão anterior?

____

____

2. Na opinião de vocês, o que pode justificar a mudança nos valores de consumo de energia elétrica ao longo dos meses representados?

____

____

____

3. Agora, vocês vão consultar as contas de energia elétrica de suas residências. Em casa, peça a um adulto que empreste uma conta antiga de energia elétrica. Na sala de aula, localizem e anotem os dados que se pedem.

a) O mês e o ano a que as contas se referem e o consumo de energia elétrica em kWh.

____

b) O consumo nos dois meses anteriores.

____

c) Qual das residências consumiu mais energia elétrica nesses três meses? Como vocês fizeram para chegar a essa resposta?

____

____

d) Como vocês podem explicar a diferença ao longo de 12 meses nos valores de consumo em suas residências?

____

____

Sejam quais forem os hábitos de uma família, é importante rever atitudes do dia a dia, buscando reduzir o consumo de energia elétrica.

4. Pensando no impacto ambiental que a construção e o funcionamento de uma usina hidrelétrica podem causar, como vocês justificam a importância de rever hábitos?

____

____

Controlar o desperdício

Uma das razões que explicam a diferença no consumo de energia elétrica nas residências é o uso de eletrodomésticos. Os aparelhos eletrodomésticos que transformam a energia elétrica em calor, como é o caso dos chuveiros, dos aquecedores, das torneiras elétricas e do ferro de passar, são os que consomem mais energia.

Além disso, quanto maior for o tempo que os aparelhos permanecerem ligados, maior será o consumo de energia e, portanto, maior será o valor da conta a ser paga.

Analisar e avaliar

5. Estas ilustrações mostram as atividades de duas famílias, entre as 18 horas e as 20 horas de um dia qualquer. Analise as situações representadas nas cenas e responda às perguntas.

Família 1.

Família 2.

a) Descreva as situações que indicam um consumo desnecessário de energia elétrica.

b) Em qual das residências a família parece ter preocupação em controlar consumo de energia elétrica? Anote uma atitude que exemplifica essa preocupação.

6. **Sem considerar o número de moradores, em qual das residências as pessoas têm hábitos que se assemelham mais aos da sua família? Quais hábitos levaram você a fazer essa avaliação?**

Dicas como as listadas abaixo devem ser seguidas no dia a dia e transmitidas a outras pessoas.

Dicas para reduzir o consumo de energia elétrica

- Evite abrir a porta da geladeira a todo momento. Não guarde alimentos quentes dentro dela.
- Evite tomar banhos demorados: seis minutos é um bom tempo para um banho eficiente e econômico.
- Não deixe a televisão ligada se não houver gente assistindo.
- Ao sair de um cômodo, apague a luz.
- Não abra janelas ou portas de um cômodo em que há um aparelho de ar condicionado funcionando.

Refletindo mais

Uma vivência com a comunidade escolar

Representar e explicar

Na atividade proposta a seguir você e seus colegas divulgarão para a comunidade escolar o que aprenderam sobre técnicas que demonstrem cuidado com o uso dos recursos da natureza. A atividade será dividida em três temas: *Os combustíveis fósseis e o aquecimento global*, *Tintas das plantas* e *Tintas da terra*.

Convidem os adultos com quem vocês moram, alunos de outras classes e funcionários da escola para participarem da atividade.

Os combustíveis fósseis e o aquecimento global

- No dia marcado, iniciem a atividade apresentando aos convidados o painel que vocês construíram sobre os combustíveis fósseis e o aquecimento global.
- Contem a eles sobre a pesquisa realizada por vocês e deem dicas de como podemos colaborar para diminuir a emissão de gases relacionados ao aquecimento global.

Tintas das plantas

- O professor distribuirá em uma mesa as tintas feitas à base de plantas, as folhas de jornal, pedaços pequenos e grandes de papel branco, um cabo de vassoura, pincéis e potes.

- Organizem os convidados em grupos e distribuam porções de tintas, explicando a eles como esse material deve ser utilizado. Peçam-lhes que testem a ação das tintas em pequenos pedaços de papel.
- Estiquem no chão as folhas grandes de papel e proponham aos grupos que montem painéis coloridos, que deverão ser pendurados nas paredes da escola.

Tintas da terra

- O professor entregará o seguinte material a vocês:

  ✓ uma lata grande de tinta, vazia e limpa;

  ✓ uma lata média de tinta, vazia e limpa;

  ✓ uma garrafa de plástico;

  ✓ 8 quilogramas de terra;

  ✓ 4 quilogramas de cola branca;

  ✓ 8 litros de água;

  ✓ cabo de vassoura e jornal.

- Forrem bem o chão com jornal e coloquem sobre ele a lata grande de tinta. Vocês vão preparar amostras de tinta ecológica, de acordo com a receita ao lado.

Tinta ecológica Cores da Terra

1. Coloquem 6 litros de água na lata grande e adicionem a terra. Com o auxílio do cabo de vassoura, misturem a terra com a água, até dissolvê-la bem.
2. Na lata média, diluam a cola em 1 litro de água. Adicionem a cola diluída à mistura de terra e água.
3. Acrescentem, aos poucos, cerca de 1 litro de água e misturem até obter a consistência de tinta.

- Expliquem aos convidados que essa tinta pode ser usada para pintar paredes e fazer pinturas artísticas em telas, quadros e cerâmicas.
- Decidam para quem a tinta preparada por vocês poderá ser útil e entreguem como lembrança da classe. Solicitem a essa pessoa uma foto para mostrar como a tinta foi utilizada.
- Em uma conversa coletiva, avaliem a importância da realização dessa atividade para vocês e para outras pessoas da comunidade escolar.
- Quando receberem a foto do registro de utilização da tinta, pendurem-na em um espaço por onde circulem todas as pessoas da escola.

De leitor para leitor

UNIDADE 1 Os mistérios do céu

Livros

- **O Universo e seus mundos**

  Bianca Venturi. Tradução de Honorino Ângelo Demarchi.

  Erechim: Edelbra, 2002. (Meu Primeiro Atlas)

  Por meio de imagens coloridas e textos de fácil compreensão, você aprenderá sobre temas relacionados aos estudos do Universo, como: a observação da Lua, das estrelas e constelações, os corpos celestes que compõem o Sistema Solar, as viagens espaciais.

- **Os planetas**

  Dava Sobel. São Paulo: Companhia das Letras, 2006.

  Nesse livro as informações sobre astronomia são passadas de forma simples por meio da mitologia, da música, da poesia, da astrologia e da ficção científica. Mas também são narradas histórias de personagens reais, como Kepler, Galileu, Halley e outros astrônomos.

Site

Acesso em: 2 jul. 2009

- **StarChild**

  Tradução do *site* infantil de mesmo nome mantido pela Nasa. Traz informações sobre o Sistema Solar, o Universo, objetos espaciais e um glossário de termos de Astronomia. Todos os tópicos estão disponíveis em dois níveis de dificuldade.

  http://heasarc.gsfc.nasa.gov/nasap/docs/StarChild.html

Filme

- **Descobrindo a Estação Espacial (DVD)**

  Discovery. (Coleção Discovery Chanel)
  Duração: 60 minutos

  Com imagens geradas por computador, esse DVD traz informações sobre a estação espacial e faz considerações sobre o avanço das viagens espaciais.

Livros

- **Terra**

Penelope York. Tradução de Maria Luisa de Abreu Lima Paz. Barueri: Girassol, 2009. (Coleção Maravilhas da Natureza)

Por meio de textos informativos e fotos ricas em informações você aprenderá mais sobre a composição e os movimentos da crosta terrestre, o ciclo das rochas na natureza, a ação da água e do vento nas rochas, a poluição do ambiente.

- **A Geologia em pequenos passos**

François Michel. Tradução de Nívia Gomes Basile. São Paulo: IBEP/Nacional, 2006. (Coleção Pequenos Passos)

Lendo esse livro você ampliará seus conhecimentos sobre as rochas: origem, diversidade, como podem ser utilizadas pelo ser humano e o trabalho dos especialistas neste tema: os geólogos.

- **O ônibus mágico: no interior da Terra**

Joanna Cole e Bruce Degen. Tradução de Heliete Vaitsman. Rio de Janeiro: Rocco, 1999.

Em uma viagem fantástica até o centro da Terra, a turma da professora Friz aprenderá sobre os vulcões e sobre as rochas: de que são feitas, como se formam e o porquê de sua grande diversidade.

- **O ônibus mágico: na era dos dinossauros**

Joanna Cole e Bruce Degen. Rio de Janeiro: Rocco, 2004.

Em uma viagem no tempo, a turma da professora Friz faz descobertas sobre os dinossauros: em que época e onde viveram, como se alimentavam, como era o seu corpo, com quais outros tipos de seres vivos eles conviveram.

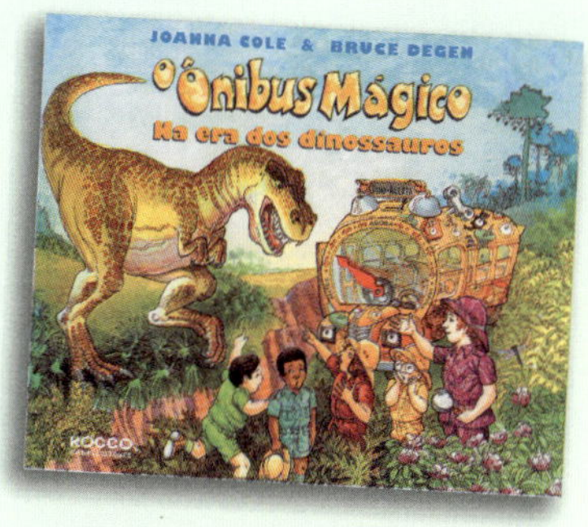

UNIDADE 2 Reconstruindo o passado da Terra

- **O museu do senhor Asdrúbal**

Márcia Prado Sartorelli, Sônia dos Santos Guerra e Teresa Silvestri Serrano. São Paulo: FTD, 1999. (Coleção Assim É Fácil)

Nesse livro, um grupo de adolescentes conhece o senhor Asdrúbal e sua coleção de rochas e minerais, e se encanta com seus conhecimentos sobre a geologia.

- **Os fósseis do senhor Asdrúbal: fósseis e eras geológicas**

Márcia Prado Sartorelli, Sônia dos Santos Guerra e Teresa Silvestri Serrano. São Paulo: FTD, 2001. (Coleção Assim É Fácil)

Essa é a história de um grupo de adolescentes que, ao visitar a ala dos fósseis de um museu, novamente acompanhados pelo senhor Asdrúbal, descobre, por meio de uma variedade de conhecimentos sobre as amostras, a importância desses materiais para o estudo da história da Terra.

Sites

Acessos em: 2 jul. 2009

- **Escaleno**

Site mantido pela editoria do caderno Estadinho de *O Estado de S. Paulo*, com jogos, animações, clipes, dicas de livros, passeios, atividades etc.

http://www.estadinho.com.br/index3.html

- **Folhinha**

Suplemento semanal do jornal *Folha de S.Paulo* dedicado às crianças. Traz as reportagens da semana, arquivo de matérias, quadrinhos e mais dicas.

http://www1.folha.uol.com.br/folhinha/

CD-ROM

- **Enciclopédia digital de mineralogia – Reino mineral**

Universidade Federal de Ouro Preto – MG.

CD-ROM que apresenta história, classificação e características de diversos minerais, além de 580 imagens da coleção do próprio departamento.

UNIDADE 3

Dar origem a novos descendentes

Livros

- **A vida da minhoca**

Rosicler Martins Rodrigues. São Paulo: Moderna, 1997. (Coleção Viramundo)

Neste livro você encontrará muitas informações sobre esse habitante do solo: como é o seu corpo — por dentro e por fora —, de que se alimenta e como produz húmus, e sua forma de reprodução, entre outras.

- **Corpo humano: como é feito, como funciona e cuidados com a saúde**

Larousse. São Paulo: Larousse do Brasil, 2005.

Por meio da leitura desse livro você ampliará seus conhecimentos sobre as fases da vida de um ser humano, as estruturas e o funcionamento do corpo humano e as condições necessárias para ter uma vida saudável. Além disso, encontrará textos e imagens sobre as etapas da gravidez.

- **Questões de amor: 8 a 11 anos**

Virginie Dumont e Serge Montagnat. Tradução de Helena Gomes Klimes. São Paulo: Callis, 1998. (Coleção Questões de Amor)

Por meio de uma centena de perguntas esse livro responde a dúvidas comuns a meninos e meninas sobre as mudanças físicas e comportamentais da puberdade e sobre a gravidez.

- **Cabelinhos nuns lugares engraçados**

Babette Cole. Tradução de Lenice Bueno da Silva. São Paulo: Ática, 1999.

A ação dos hormônios sexuais no corpo de meninas e meninos, causando muitas transformações — o surgimento de mais pelos, a menstruação, o crescimento, a ejaculação, outros sentimentos —, é contada por meio de um texto simples e ilustrações originais.

Sites

Acessos em: 2 jul. 2009

- **Terra Crianças**

Especial do portal Terra voltado para crianças, com dicas de livros e filmes, jogos, receitas e destaques de notícias.

http://www.terra.com.br/criancas/

- **Revista Recreio**

Site da revista *Recreio* com jogos, edições especiais e enquetes.

http://recreioonline.abril.com.br

UNIDADE 4

Retirar, transformar e consumir recursos da natureza

Livros

- **A energia em pequenos passos**

  François Michel. Tradução de Gabriela Campedelli. São Paulo: Ibep/Nacional, 2006. (Coleção Pequenos Passos)

  Esse livro apresentará para você as mais diversas formas de manifestação de energia na natureza, destacando os tipos de fontes de energia que são encontrados na natureza e como o ser humano os tem utilizado.

- **Coisas de índio — versão infantil**

  Daniel Munduruku. São Paulo: Callis, 2003.

  Por meio da leitura dos textos e belas imagens desse livro, você aprenderá com o autor, o índio Daniel Munduruku, sobre a cultura e a história de diferentes comunidades indígenas brasileiras.

- **Amazonas: águas, pássaros, seres e milagres**

  Thiago de Mello. São Paulo: Salamandra, 1998. (Coleção Dias Bordados)

  Nesse livro, o poeta amazonense Thiago de Mello o envolverá nos usos e costumes, no imaginário do povo da região amazônica e nas histórias sobre os rios, os ventos e os animais e plantas da floresta amazônica.

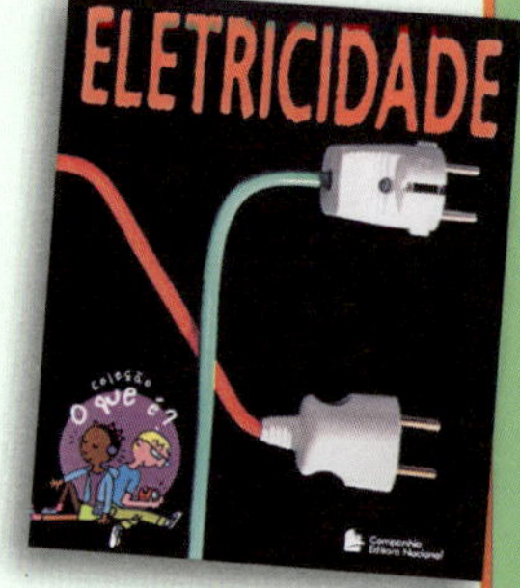

- **Eletricidade**

  Phillipe Nessmann. Tradução de Ana Maria Ramos Augusto. São Paulo: Ibep/Nacional, 2006. (Coleção O que É?)

  Por meio de textos informativos e uma série de experimentos, você aprenderá ainda mais sobre o que é a eletricidade, como funciona uma lâmpada, como se forma um relâmpago, o que é um interruptor, o que é a corrente elétrica etc.

- **A eletricidade**

  C. Vance Cast. Tradução de Simone Kubric. São Paulo: Callis, 2004. (Coleção De Onde Vem Para Onde Vai)

  Acompanhado do menino Eugênio, você aprenderá como a eletricidade chega a sua casa, como essa forma de energia circula pelos fios elétricos e faz tantos aparelhos funcionarem, o que é uma usina termelétrica e uma usina nuclear.

Filme

- **Entendendo a energia elétrica – VHS**

  Distribuidor: Próart Cine Vídeo

  Vídeo que explica várias formas de obtenção de energia elétrica em usinas hidrelétricas, termelétricas, nucleares e mesmo pelo beneficiamento do lixo.

Glossário

- **Alergias**
  Reações do organismo ao contato com certas substâncias ou objetos. Alergias causam sintomas como coceira, inchaço, vermelhidão, entre outros.

- **Ateliê**
  Local de trabalho de artesãos e artistas.

- **Atrofiados**
  Órgãos que não se desenvolveram completamente.

- **Axilas**
  Cavidades na região abaixo dos ombros, entre o tórax e os braços.

- **Batinga**
  Árvore de médio porte, da família da pitangueira.

- **Carvão vegetal**
  Pedaço de madeira ou lenha queimada.

- **Ligas metálicas**
  Mistura de dois ou mais metais que dá origem a novos metais.

- **Minérios**
  Materiais naturais de que são feitas as rochas e que podem ser usados para a produção industrial de outros materiais, como os metais.

- **Pubiana**
  Região logo abaixo do abdome (barriga).

- **Resquícios**
  Pequenas partes, restos de um material ou de algo que esteve presente em determinado lugar.

- **Transformações químicas**
  Ocorrem quando determinadas substâncias, postas em contato, interagem, produzindo uma ou mais substâncias diferentes delas.

Créditos das fotos

(da esquerda para a direita, de cima para baixo)

As imagens identificadas com a sigla CID foram fornecidas pelo Centro de Informação e Documentação da Editora Moderna.

p. 3 Piotr Powietrzynski/Alamy/Other Images
p. 10 Arquivo da família Federsoni
p. 11 Rosa Gauditano/Studio R
p. 12 Fabio Motta/Agência Estado; Gabriel Bouys/AFP
p. 13 Martin Bernetti/AFP; T. Credner et al. S. Kohle/NASA; Corel/Stock Photos
p. 14 G. De Marchi (STScI e Universidade de Florença, Itália) e F. Paresce (STScI)/NASA, ESA; Nasa/Science Photo Library/Latinstock; Science Photo Library/Latinstock
p. 15 O. Krause (Steward Observatory)/ JPLCaltech/STScI/CXC/SAO/NASA; The Hubble Heritage Team (STScI/ AURA)/NASA/ESA
p. 16 Science Photo Library/Latinstock; NASA/JPL/Caltech/Science Photo Library/Latinstock
p. 18 Biblioteca do Observatório Naval dos Estados Unidos, Washington
p. 20 NASA
p. 21 Corel/Stock Photos
p. 23 Biblioteca Nacional Central, Florença; Gavin Hellier/JAI/Corbis/ Latinstock
p. 24 ESA/NASA; NASA; JPL/NASA
p. 25 GRIN/NASA; NASA Headquarters - Greatest Images of NASA (NASA-HQGRIN); MSFC/NASA
p. 27 Bettmann/Corbis/Latinstock
p. 28 Sindre Ellingsen/Alamy/Other Images; Eduardo Knapp/Folha Imagem; Rodrigo Baleia/Folha Imagem; Ryan Pierse/Getty Images; Ricardo Azoury/Olhar Imagem
p. 29 Javier Larrea/AGE Fotostock/ Keystock; James Cavallini/BSI/ Keystock; Jupiterimages/AFP
p. 34 MSFC/NASA
p. 35 Foto: NASA/Time Life Pictures/Getty Images; Reprodução
p. 38 Araquém Alcântara/SambaPhoto; Fabio Colombini
p. 39 Pedro López/CID; Fabio Colombini; Antonio Viñas Valcarcel/CID
p. 40 Eduardo Santaliestra/CID
p. 42 John Frumm/Hemis
p. 43 Muñoz Robredo/CID; Fabio Colombini; Juan de Dios Lebrón/CID
p. 44 Fabio Colombini; Breck-P.-Kent/ Animals Animals/Keystone
p. 45 Antonio Viñas Valcarcel/CID; José Lorman/CID; Dirk Wiersma/Science Photo Library/Latinstock; Wagner Santos/Kino; Frederico Rozário/ Agência O Globo
p. 46 Werner Rudhart/Kino; Dorival Moreira/Pulsar
p. 48 Jacek/Kino; Howard Grey/Stone/ Getty Images
p. 50 Sérgio Dotta Jr./CID
p. 51 CID
p. 52 Adriano Gambarini; Valerie del Forno/Gamma/Other Images
p. 53 Lair Gabriel/Agência Estado; Cortesia Jackson Bantim/Asscom/URCA; Dida Sampaio/Agência Estado
p. 54 Otavio Magalhães/Agência Estado
p. 58 Edson Sato/Pulsar
p. 59 Fabio Colombini; Corel/Stock Photos; H. Bernardo/Folha Imagem
p. 60 Sérgio Dotta Jr./CID
p. 62 CID
p. 63 Fabio Colombini; Konrad Wothe/ Minden Pictures/Latinstock; Fabio Colombini
p. 64 Dante Fenolio/Science Photo Library/ Latinstock; Paul Freed/Animals Animals/Keystone
p. 65 Adriano Gambarini
p. 68 Sérgio Dotta Jr./CID
p. 72 Wanderlei Rodrigues de Almeida/ Realce Digital; Silvestre Silva (jabuticabeira florida); Iolanda Huzak (flores)
p. 73 Mauricio Simonetti/Tyba; Gerson Sobreira/Terrastock (fruto aberto); Wanderlei Rodrigues de Almeida/ Realce Digital (semente)
p. 74 Delfim Martins/Olhar Imagem; Fabio Colombini; Edu Lyra/SambaPhoto
p. 77 Fabio Colombini; Corel/Stock Photo (beija-flor)
p. 78 James Jackson/age fotostock/ Keystone; Sérgio Dotta Jr./CID; Susumu Nishinaga/Science Photo Library/Latinstock
p. 80 Fabio Colombini
p. 81 Sérgio Dotta Jr./CID
p. 82 Fabio Colombini; Corbis/Latinstock; George Bernard/Animals Animals/ Keystone; A. Moreschi/De Agostini Picture Library/Getty Images
p. 83 Sérgio Dotta Jr./CID
p. 85 Fabio Colombini
p. 86 Ken Preston-Mafham/Animals Animals/Keystone
p. 87 Oxford Scientific/Other Images; Heather Perry/National Geographic/ Getty Images
p. 90 Photodisc/Getty Images; Photodisc/ Getty Images; Fernando Favoretto/ CID
p. 91 Photodisc/Getty Images; Don Mason/ Corbis/Latinstock; Photodisc/Getty Images
p. 93 Fernando Favoretto/CID
p. 97 Motta Familiari-Anatomy Depto./ Universidade La Sapienza/Sciency Photo Library/Latinstock
p. 98 Photo Insolite Realite V. Gremet/ Science Photo Library/Latinstock
p. 99 K.H. Kjeldsen/Science Photo Library/ Latinstock
p. 101 Joaquim Salvador Lavado (Quino); Herve Conge/ISM/Phototake/ ImagePlus
p. 102 Dr G. Moscoso/Science Photo Library/Latinstock; Garry Watson/ Science Photo Library/Latinstock
p. 103 Neil Bromhall/Genesis Films/Science Photo Library; Neil Bromhall/Science Photo Library/Latinstock; Science Photo Library/Latinstock
p. 104 Janine Wiedel Photolibrary/Alamy/ Other Images
p. 110 Rosa Gauditano/Studio R; Renato Soares
p. 111 Silvestre Silva; Silvestre Silva/ SambaPhoto (Semente de urucum)
p. 113 Scientifica/Visuals Unlimited/Getty Images; Wally Eberhart/Visuals Unlimited/Getty Images; De Agostini Picture Library/Getty Images; Rosa Gauditano/Studio R
p. 114 Cortesia de Anôr Fiorini de Carvalho/Projeto Cores da Terra/ Departamento de Solos da Universidade Federal de Viçosa; Cortesia de Kamilla Moreira Xavier/ Projeto Cores da Terra/Departamento de Solos da Universidade Federal de Viçosa; Cortesia de Délio Porto Fassoni//Projeto Cores da Terra/Departamento de Solos da Universidade Federal de Viçosa
p. 115 Dave Fleetham/Pacificstock/Other Images
p. 116 Incaper
p. 118 Acervo Frans Krajcberg
p. 119 Pedro Hauck
p. 120 Mauricio Simonetti/Olhar Imagem; A. Rizzi/De Agostini Picture Library/ Getty Images; Fabio Colombini
p. 121 Markus Brehm/Plainpicture/Keystone; Ricardo Azoury/Pulsar; Photodisc/Getty Images; Ruiz Ruiz de Velasco/CID
p. 122 John Prior Images/Alamy/Other Images; Ivania Sant'Anna/Kino; Fabio Mangabeira/Editora Abril; Mauricio Simonetti/Pulsar; Claudio Larangeira/Kino; Roberto Loffel/Kino
p. 123 Miguel Bréscia/Museu do Ferro de Itabira; Gustavo Lacerda/Editora Abril
p. 124 Werner Rudhart/Kino; Paulo Manzi/ CID
p. 125 Rubens Chaves/Pulsar; Dave King/ Dorling Kindersley/Getty Images; Marcos Peron/Kino; Michael Latz/AFP; Jacek/Kino; George Diebold Veer/ Photonica/Getty Images; pigacatalano/ AGE Fotostock/Keystock.
p. 126 Biblioteca Municipal Mário de Andrade, São Paulo; Zaida Siqueira/ Olhar Imagem
p. 127 Sérgio Dotta Jr./CID
p. 128 Leonardo Papini/SambaPhoto; Fabio Colombini
p. 131 Rogério Cassimiro/Folha Imagem
p. 133 Claudia Daut/Reuters/Latinstock
p. 137 Iara Venanzi/Kino
p. 139 Eduardo Arissa/CID; Eduardo Santaliestra/CID
p. 140 Jacek/Kino; Mauricio Simonetti/ Pulsar; Dida Sampaio/Agência Estado; Scott Olson/Getty Images; Paulo Whitaker/Reuters/Latinstock; Ernesto Rodrigues/Agência Estado; Hélvio Romero/Agência Estado
p. 141 Fábio Motta/Agência Estado; Delfim Martins/Pulsar
p. 145 Sérgio Dotta Jr./CID
p. 146 Ricardo Azoury/Olhar Imagem
p. 147 Gabor Nemes/Kino; Reprodução
p. 154 Paulo Manzi/CID (livros); Photodisc/ Getty Images
p. 155 Paulo Manzi/CID
p. 156 Photodisc/Getty Images
p. 157 Paulo Manzi/CID; Photodisc/Getty Images
p. 158 Paulo Manzi/CID; Photodisc/Getty Images